进出口商品归类系列

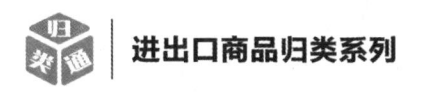

SUITCASES, BAGS, SHOES AND CLOTHING
CLASSIFICATION GUIDE

箱包鞋服归类手册

《箱包鞋服归类手册》编委会 编

中国海关出版社有限公司
中国·北京

图书在版编目（CIP）数据

箱包鞋服归类手册/《箱包鞋服归类手册》编委会编.
—北京：中国海关出版社有限公司，2024.1
ISBN 978－7－5175－0722－2

Ⅰ.①箱… Ⅱ.①箱… Ⅲ.①商品—分类—手册 Ⅳ.①F760.2-62

中国国家版本馆 CIP 数据核字（2024）第 017612 号

箱包鞋服归类手册
XIANGBAO XIEFU GUILEI SHOUCE

主　　编：《箱包鞋服归类手册》编委会
策划编辑：景小卫
责任编辑：文珍妮
责任印制：赵　宇
出版发行：中国海关出版社有限公司
社　　址：北京市朝阳区东四环南路甲 1 号　　邮政编码：100023
网　　址：www.hgcbs.com.cn
编辑部：01065194242-7504（电话）
发行部：01065194221/4238/4246/5127（电话）
社办书店：01065195616（电话）
https://weidian.com/? userid=319526934（网址）
印　　刷：北京新华印刷有限公司　　经　　销：新华书店
开　　本：710mm×1000mm　1/16
印　　张：12.75　　　　　　　　　　字　　数：200 千字
版　　次：2024 年 1 月第 1 版
印　　次：2024 年 1 月第 1 次印刷
书　　号：ISBN 978－7－5175－0722－2
定　　价：88.00 元

海关版图书，版权所有，侵权必究
海关版图书，印装错误可随时退换

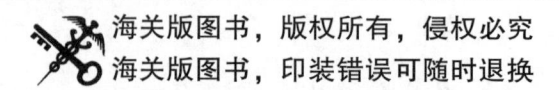

编委会

李 志　杨大运　高 然　姜鹏杰
潘 登　孙夕梦　王 佳　马 佳

序

　　商品归类一直是进出口通关实务中的技术难题。服装、鞋帽等商品受材质、类型、款式、工艺等多种要素影响，确定商品归类相对复杂，归类争议时有出现，同时申报规范性要求较高。为提高进出口企业的归类水平，特编写《箱包鞋服归类手册》。本书涉及《中华人民共和国进出口税则》（以下简称《税则》）中第四十二章、第六十一至六十七章所述的箱包、服装鞋帽及皮革制品。本书通过整合同类商品的中英文内涵、外延、特征、图片示例、对应品目、归类原则、排他条款及归类思维导图，围绕行业性商品归类难点，对箱包、服装、鞋帽等商品进行举例分析，包含百余张图例、17张思维导图，采用简明清晰的表格形式对比展现，力求通俗易懂，提高通关效率。

　　本书融合了2023年版《税则》、2022年版《进出口税则商品及品目注释》、商品归类决定及指导意见等内容，同时借鉴互联网资料以及《牛津词典》《韦氏词典》等书籍，内容较为丰富全面，可为服装、鞋帽类商品归类工作提供辅助参考。

　　为方便阅读和使用，本书提供电子归类思维导图，线上依托RAYS平台呈现，并根据相关政策法规不定期更新，具体请参阅线上资源使用说明。

　　本书在撰写过程中，得到了北京、上海、南京、青岛、郑州、广州、深圳等海关的大力支持，在此表示衷心感谢！

参与本书编写的人员有：李志、杨大运、高然、姜鹏杰、潘登、孙夕梦、王佳、马佳。

由于编者水平有限，本书仅供参考使用，不作为确定商品归类的依据，不妥及疏忽之处敬请批评指正。

本书编委会
2023 年 11 月

目 录

1 第四十二章 （除品目 42.02 以外的商品） 皮革制品；
鞍具及挽具；动物肠线（蚕胶丝除外）制品 ……… 1
  1.1 各种材料制成的鞍具及挽具（包括缰绳、挽绳、护膝垫、
口套、鞍褥、马裕褡、狗外套及类似品），适合各种动物用
………………………………………………………… 3
    1.1.1 鞍具及挽具商品介绍 ……………………………… 3
    1.1.2 品目 42.01 主要包括的商品 ……………………… 3
    1.1.3 排他条款 …………………………………………… 3
  1.2 品目 42.03 皮革或再生皮革制的衣服及衣着附件 ……… 4
    1.2.1 品目 42.03 主要包括的商品 ……………………… 4
    1.2.2 排他条款 …………………………………………… 4
  1.3 品目 42.05 皮革或再生皮革的其他制品 ………………… 5
    1.3.1 品目 42.05 主要包括的商品 ……………………… 5
    1.3.2 排他条款 …………………………………………… 6
  1.4 品目 42.06 肠线（蚕胶丝除外）、肠膜、膀胱或筋腱
制品 …………………………………………………………… 6
    1.4.1 品目 42.06 主要包括的商品 ……………………… 6
    1.4.2 排他条款 …………………………………………… 6
  1.5 皮革制品；鞍具及挽具；动物肠线（蚕胶丝除外）制品
归类思维导图 ………………………………………………… 7

2 品目42.02 箱包 ·················· 9
2.1 箱包的基本概念和归类原则 ·················· 11
2.1.1 箱包的基本概念 ·················· 11
2.1.2 箱包的归类原则 ·················· 11
2.2 箱包商品示例 ·················· 13
2.3 箱包归类思维导图 ·················· 19

3 第六十一、六十二章 服装及零附件 ·················· 21
3.1 服装知识介绍 ·················· 23
3.2 服装类商品归类总原则 ·················· 24
3.2.1 《税则》第十一类类注排他条款 ·················· 24
3.2.2 服装类商品归类顺序 ·················· 24
3.3 服装类商品归类一般要求 ·················· 25
3.3.1 针织或钩编与非针织或非钩编的归类要求 ·················· 25
3.3.2 婴儿服装和衣着附件的归类要求 ·················· 26
3.3.3 男式服装与女式服装的归类要求 ·················· 26
3.3.4 套装的归类要求 ·················· 27
3.3.5 服装混纺材料的归类要求 ·················· 27
3.3.6 服装组合材料的归类要求 ·················· 28
3.4 具体商品验估归类要点 ·················· 28
3.4.1 挡风御寒类外套（品目61.01、61.02、62.01、62.02）·················· 28
3.4.2 上衣（子目6103.3、6104.3、6203.3、6204.3）·················· 35
3.4.3 衬衫（品目61.05、61.06、62.05、62.06）·················· 37
3.4.4 睡衣、睡衣裤、晨衣、浴衣（子目6107.2、6108.3、6107.9、6108.9、6207.2、6208.2、6207.9、6208.9）·················· 42

目录

  3.4.5 T恤衫、汗衫、背心、套头衫、开襟衫（品目61.01、61.02、61.09、61.10、62.01、62.02、62.07、62.08、62.11） …………………………………………………… 47

  3.4.6 套装、运动服、游泳服、滑雪服（子目6103.1、6104.1、6203.1、6204.1、6103.2、6104.2、6203.2、6204.2；品目61.12、62.11） …………………………… 55

  3.4.7 长裤、护胸背带工装裤、马裤及短裤、男装内裤及三角裤、女三角裤及短衬裤（子目6103.4、6104.6、6203.4、6204.6、6107.1、6108.2、6207.1、6208.9） …………………………………………………………………… 64

  3.4.8 连衣裙、裙子及裙裤、长衬裙及衬裙（子目6104.4、6104.5、6204.4、6204.5、6108.1、6208.1） …… 70

  3.4.9 其他类服装（品目61.11、61.13、61.14、62.09、62.10、62.11） ………………………………………… 74

  3.4.10 胸罩、手套、袜子、围巾、领带、手帕及其他衣着附件及零件（品目61.15、61.16、61.17、62.12、62.13、62.14、62.15、62.16、62.17） ………… 82

 3.5 **纺织纤维的分类** ……………………………………… 96

  3.5.1 纺织纤维的基本分类 ……………………………… 96

  3.5.2 新型纤维简要介绍 ………………………………… 98

4 第六十三章 其他纺织制成品；成套物品；旧衣着及旧纺织品；碎织物 …………………………………… 101

 4.1 **品目63.01~63.06 常见的纺织制成品（例如床上用品等）** ……………………………………………………………… 104

  4.1.1 品目63.01~63.06 商品示例 …………………… 104

  4.1.2 排他条款 …………………………………………… 106

 4.2 **品目63.07 其他制成品（兜底条款）** ……………… 108

  4.2.1 品目63.07 商品示例 …………………………… 108

4.2.2 排他条款 110
4.3 品目 63.08 零售包装成套物品 111
4.3.1 品目 63.08 主要包括的商品 111
4.3.2 排他条款 111
4.4 品目 63.09、63.10 旧衣着及旧纺织品；碎织物 111
4.4.1 品目 63.09、63.10 主要包括的商品 111
4.4.2 排他条款 112
4.5 其他纺织制成品；成套物品；旧衣着及旧纺织品；碎织物归类思维导图 113

5 第六十四、六十五章 鞋靴、帽类 115
5.1 鞋靴 117
5.1.1 鞋靴的基本知识 117
5.1.2 鞋靴的归类原则 117
5.1.3 鞋靴归类思维导图 120
5.2 帽类及零件 121
5.2.1 帽类的基本知识 121
5.2.2 帽类的归类原则 121
5.2.3 帽类归类思维导图 123

6 第六十六章 雨伞、阳伞、手杖、鞭子、马鞭及其零件 125
6.1 易混淆商品名词解释及材质要求 127
6.1.1 易混淆商品名词解释 127
6.1.2 材质要求 127
6.2 雨伞、阳伞、手杖、鞭子、马鞭及其零件商品示例 128
6.3 排他条款 129
6.4 雨伞、阳伞、手杖、鞭子、马鞭及其零件归类思维导图 130

7 第六十七章　已加工羽毛、羽绒及其制品；人造花；人发制品 ………………………………… 131

7.1 品目 67.01 …………………………………………… 133
7.1.1 品目 67.01 主要包括的商品 ………………… 133
7.1.2 排他条款 ……………………………………… 133

7.2 品目 67.02 …………………………………………… 134
7.2.1 品目 67.02 主要包括的商品 ………………… 134
7.2.2 排他条款 ……………………………………… 134

7.3 品目 67.03 …………………………………………… 135
7.3.1 品目 67.03 主要包括的商品 ………………… 135
7.3.2 排他条款 ……………………………………… 135

7.4 品目 67.04 …………………………………………… 136
7.4.1 品目 67.04 主要包括的商品 ………………… 136
7.4.2 排他条款 ……………………………………… 136

7.5 已加工羽毛、羽绒及其制品；人造花；人发制品归类思维导图 ………………………………… 137

附录 ………………………………………………………… 139

1

第四十二章 （除品目42.02以外的商品）皮革制品；鞍具及挽具；动物肠线（蚕胶丝除外）制品

1.1 各种材料制成的鞍具及挽具（包括缰绳、挽绳、护膝垫、口套、鞍褥、马褡裢、狗外套及类似品），适合各种动物用

1.1.1 鞍具及挽具商品介绍

1. 鞍具（saddlery）

英文释义（仅供参考）：saddles, harnesses, and other equipment for horses.

2. 挽具（harness）

英文释义（仅供参考）：a set of strips of leather and metal pieces that is put around a horse's head and body so that the horse can be controlled and fastened to a carriage.

1.1.2 品目 42.01 主要包括的商品

1. 骑畜、挽畜、驮畜用的鞍具及挽具（包括缰绳、辔、挽绳）。
2. 马用护膝垫、眼罩和护蹄。
3. 马戏团动物的装饰品、任何动物的口套、狗或猫的颈圈、挽绳及饰物。
4. 鞍褥、鞍垫及马褡裢。
5. 制成特殊形状专门供骑马用的毯子、狗外套及类似品。

1.1.3 排他条款

1. 单独报验的挽具配件或装饰物，例如，马镫、马嚼子、马铃铛及类似品、带扣（一般归入第十五类"贱金属及其制品"），马戏团动物用的羽饰等装饰品（应分别归入适当的品目）。
2. 儿童或成年人用的挽带或背带（按照材质分别归入品目 39.26、42.05、63.07 等）。
3. 鞭子、马鞭及品目 66.02 的其他物品。

1.2　品目 42.03 皮革或再生皮革制的衣服及衣着附件

1.2.1　品目 42.03 主要包括的商品

1. 各种皮革或再生皮革制的衣服及衣着附件（以下列明不包括的除外），因此，本品目包括上衣、大衣、分指手套、连指手套及露指手套（包括运动手套及防护手套）、围裙、袖套及其他保护性衣着、背带、腰带、子弹带、紧身褡、领带及腕带。上述商品不论是否装有电热元件均归入本品目。本品目的商品可装有贵金属、包贵金属、天然或养殖珍珠、宝石或半宝石（天然、合成或再造）制的零件，即使这些零件不是仅作为小配件或小饰物的，只要其未构成物品的基本特征，仍归入本品目，例如装有金皮带扣的皮带。

2. 一头已切成锥形，明显用于制腰带的皮带条。

3. 除分指手套、连指手套及露指手套以外，用皮革或再生皮革制成的衣服和衣着附件如果用毛皮或人造毛皮衬里或非装饰性地附于表面，应归入品目 43.03 或 43.04。

1.2.2　排他条款

1. 用已鞣制的毛皮，特别是羔羊皮或绵羊皮制成的衣服及衣着附件（第四十三章）。

2. 用有皮革增强的纺织材料制成的服装（第六十一章或第六十二章）。

3. 第六十四章的物品（例如，鞋靴及其零件）。

4. 第六十五章的帽类及其零件。

5. 链扣、手镯或其他仿首饰（品目 71.17）。

6. 表带（品目 91.13）。

7. 第九十五章的物品，例如，板球或曲棍球护胫等运动用品以及运动保护器具（击剑面罩及胸铠等）（但皮革制的运动服和分指、连指及露指的运动手套仍归入本品目）。

所称"专供运动用的手套,包括连指或露指的",是指经特别设计,专门适用于某项体育运动的分指、连指或露指手套(例如,可保护手并帮助握牢曲棍的冰球手套以及拳击手套),不论是单只还是成对销售的。

8. 纽扣、按扣、揿扣、纽扣芯及它们的零件,纽扣坯(品目96.06)。

1.3 品目 42.05 皮革或再生皮革的其他制品

品目 42.05 是皮革制品的兜底条款,因此涵盖商品范围较大。

1.3.1 品目 42.05 主要包括的商品

1. 单独报验的机器任何部位的传动带或输送带(包括编结带),不论是成品带或是一定长度的带子。输送吊斗也包括在内。与机器设备同时报验的均应与有关机器设备一同归类。

2. 纺织机械所用的肚档皮带、清棉皮带、精梳皮革、钢丝针布皮革(装有针的钢丝针布应归入品目 84.48)、综丝皮条及其他皮革制品;齿轮、垫片、垫圈、阀门皮件、泵或压机的皮件、印刷机用的滚筒套、分类机用的穿孔皮革;生皮锤;煤气表膜片以及第九十章机械装置及仪器的其他皮革零件;皮管(以上简称为机器仪器的皮革零件)。

3. 行李标签;磨剃刀的皮带;靴带;运送包裹用的把手;箱角加固件(用于衣箱、提箱等);未填充的蒲团套(已填充的应归入品目 94.04);通用皮带(品目 42.01 的除外);儿童或成人用的挽带或背带;成段的革条;皮垫子(归入品目 42.01 的鞍褥除外);书籍封皮;吸墨水纸滚台;与品目 42.02 所列物品不同的皮革或山羊皮水瓶及其他容器(包括全部或主要用皮革或再生皮革包覆的);背带的零件;皮革包面的扣子、钩扣及类似品;剑的饰结;具有锯齿边或已缝制的油鞣皮革〔但未切割成特殊形状或没有锯齿边的油鞣皮革(例如,作揩布用的油鞣皮革)应归入品目 41.14〕;包鹿皮的指甲锉；切成一定形状用于制皮革或再生皮革制品（例如，衣服）的未列名皮革或再生皮革片。

1.3.2 排他条款

1. 第六十四章的鞋靴零件。
2. 品目 66.02 的鞭子、马鞭或其他物品。
3. 人造花、叶、果实及其零件（品目 67.02）。
4. 链扣、手镯或其他仿首饰（品目 71.17）。
5. 第九十四章的物品（例如，家具及其零件、灯具及照明装置）。
6. 第九十五章的物品（例如，玩具、游戏品及运动用品）。
7. 品目 96.06 的纽扣、揿扣等。
8. 鼓面皮或类似品及其他乐器零件（品目 92.09）。

1.4 品目 42.06 肠线（蚕胶丝除外）、肠膜、膀胱或筋腱制品

1.4.1 品目 42.06 主要包括的商品

1. 羊肠线，由洁净干燥的动物肠，尤其是羊肠的细条经过搓捻制成，主要用于制球拍、渔具和机器零件。
2. 制成矩形（包括正方形）或切成其他形状的肠膜及其他肠膜制品（肠膜是从绵羊或其他反刍动物的盲肠制得的）。
3. 膀胱制品，例如，烟袋；筋腱制成的机器传动带及制传动带的编带等。用天然肠子撕片胶合而成的"人造"肠线也归入本品目。

1.4.2 排他条款

1. 外科用无菌肠线或类似的无菌缝合材料（品目 30.06）。
2. 制成乐器弦的肠线（品目 92.09）。

1 / 第四十二章　（除品目 42.02 以外的商品）皮革制品；鞍具及挽具；动物肠线（蚕胶丝除外）制品

1.5　皮革制品；鞍具及挽具；动物肠线（蚕胶丝除外）制品归类思维导图

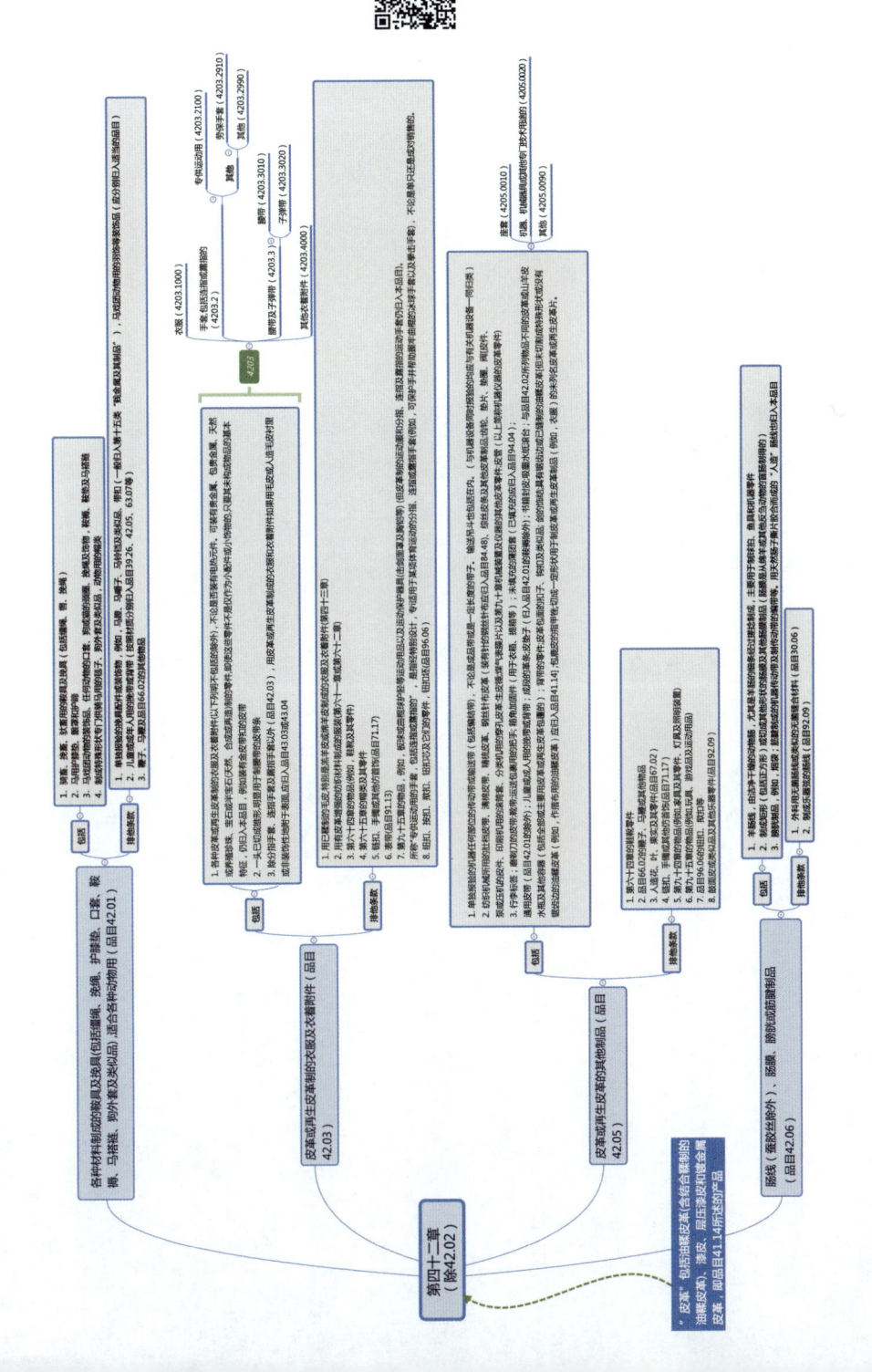

2

品目42.02箱包

2.1 箱包的基本概念和归类原则

2.1.1 箱包的基本概念

箱包是用来装东西的各种容器的统称，包括一般的购物袋、手提包、手拿包、钱包、背包、单肩包、挎包、腰包和多种拉杆箱等。

本品目仅包括具体列名的物品及类似容器。这些容器可以是硬的或具有硬基底的，也可以是软的并且无基底的。

2.1.2 箱包的归类原则

1. 本品目的箱包应严格按照四位品目的列名归类

（1）子目 4202.1：衣箱、提箱、小手袋、公文箱、公文包、书包。

（2）子目 4202.2：手提包，不论是否有背带，包括无把手的。

（3）子目 4202.3：通常置于口袋或手提包内的物品，包括眼镜盒、皮夹子、钱夹、钱包、钥匙包、香烟盒、雪茄烟盒、烟斗盒及烟袋等。

（4）子目 4202.9：其他箱包。

运动包，包括高尔夫球袋、体操袋、网球拍提袋、滑雪袋和钓鱼袋。

首饰盒，不仅包括为存放首饰而专门设计的盒子，也包括其形状和配件专门适于盛装一件或多件首饰的各种规格的类似有盖容器，不论是否装有铰链或扣件。它们一般用纺织材料衬里。这些容器盛装首饰后可一同展示及出售，适于长期使用。

食品或饮料保温包，包括在运输或临时保存期间保持食物及饮料温度用的可重复使用的保温包。

2. 排他条款

（1）非供长期使用的带把手塑料薄膜袋，不论是否印制（品目

39.23）；购物袋，包括由两层塑料外层夹住一层泡沫塑料内层构成的袋子，不适合长期使用。

（2）编结材料制品（品目46.02）。

（3）虽具有容器的特征，但与本品目所列货品不同的物品，例如，全部或主要用皮革、塑料片等包覆的书籍封皮及护套、卷宗皮、公文袋、吸墨水纸滚台、相框、糖果盒、烟草罐、烟灰缸、陶瓷或玻璃瓶等。这些物品如果用皮革或再生皮革制成（或包覆）的，应归入品目42.05；如果用其他材料制成（或包覆），则应归入其他章。

（4）网线袋及类似品（品目56.08）。

（5）仿首饰（品目71.17）。

（6）非制成专门形状或内部装有配件以适合盛装特定工具（不论是否带附件）的工具箱或工具盒（通常归入品目39.26或73.26）。

（7）剑、刺刀、匕首或类似兵器的鞘或套（品目93.07）。

（8）第九十五章的物品（例如，玩具、游戏品及运动用品）。

3. 其他需要注意的归类点

（1）衣箱、提箱、小手袋、公文箱、公文包、书包、眼镜盒、望远镜盒、照相机套、乐器盒、枪套及类似容器可用任何材料制成。这里所指的"类似容器"，包括帽盒、相机附件套、弹药盒、猎刀鞘及野营刀鞘、制成专门形状或内部装有配件以适合盛装特定工具（不论是否带附件等）的手提式工具箱或工具盒等。

（2）旅行包、食品或饮料保温包、化妆包、帆布包、手提包、购物袋、钱夹、钱包、地图盒、烟盒、烟袋、工具包、运动包、瓶盒、首饰盒、粉盒、刀叉餐具盒及类似容器，必须是用皮革或再生皮革、塑料片、纺织材料、钢纸或纸板制成，或者全部或主要用上述材料或纸（基底可以是木头、金属等）包覆制成。这里所指的"类似容器"，包括皮夹子、文具盒、笔盒、票证盒、针线盒、钥匙袋、雪茄烟盒、烟丝盒、工具或珠宝卷包、鞋盒、刷盒等。

（3）品目 42.02 及 42.03 的制品，如果装有用贵金属、包贵金属、天然或养殖珍珠、宝石或半宝石（天然、合成或再造）制的零件，即使这些零件不是仅作为小配件或小饰物的，只要其未构成物品的基本特征，仍应归入上述品目。但如果这些零件已构成物品的基本特征，则应归入第七十一章。

2.2 箱包商品示例

箱包商品示例见表 2-1。

表 2-1　箱包商品示例表

中文注释名称	英文原文名称	英文词典释义（仅供参考）	对应第四十二章子目	备注	图片示例
衣箱	trunks	a large strong box with a lid used for storing or transporting clothes, books, etc.	4202.1		
提箱	suit-cases	a case with flat sides and a handle, used for carrying clothes, etc., when you are travelling	4202.1		
小手袋	vanity-cases	a small bag or case used for carrying make-up	4202.1		

表2-1 续1

中文注释名称	英文原文名称	英文词典释义（仅供参考）	对应第四十二章子目	备注	图片示例
公文箱	executive-cases		4202.1		
公文包	brief cases	a flat case used for carrying papers and documents	4202.1		
书包	school satchels	a bag with a long strap, that you hang over your shoulder or wear on your back, used especially for carrying school books	4202.1		
眼镜盒	spectacle cases	a spectacle case to put your glasses in	4202.3		
望远镜盒	binocular cases		4202.9		
照相机套	camera cases		4202.9		
乐器盒	musical instrument cases		4202.9		
枪套	gun cases, holsters		4202.9		

表2-1　续2

中文注释名称	英文原文名称	英文词典释义（仅供参考）	对应第四十二章子目	备注	图片示例
类似容器（类似以上商品）	similar containers			帽盒、相机附件套、弹药盒、猎刀鞘及野营刀鞘、制成专门形状或内部装有配件以适合盛装特定工具（不论是否带附件等）的手提式工具箱或工具盒	无
旅行包	travelling-bags		4202.9		
食品或饮料保温包	insulated food or beverages bags		4202.9	在运输或临时保存期间保持食物及饮料温度用的可重复使用的保温包	
化妆包	toilet bags	a small bag that you use to carry a toothbrush, soap, etc., while travelling	4202.9		
帆布包	rucksacks	a large bag, often supported on a light metal frame, carried on the back and used especially by people who go climbing or walking	4202.9		

表2-1 续3

中文注释名称	英文原文名称	英文词典释义（仅供参考）	对应第四十二章子目	备注	图片示例
手提包	handbags	a small bag for money, keys, etc., carried especislly by women	4202.2		
购物袋	shopping-bags	a large, strong bag made of cloth, plastic, etc. used for carrying your shopping; a paper or plastic bag for carrying shopping	4202.9		
钱夹	wallets	a small flat folding case made of leather or plastic used for keeping paper money and credit cards in	4202.3		
钱包	purses	a small bag made of leather, palstic, etc. for carrying coins and often also paper money, cards, etc., used especially by women	4202.3		
地图盒	map-cases		4202.9		无
烟盒	cigarette-cases		4202.3		

表2-1 续4

中文注释名称	英文原文名称	英文词典释义（仅供参考）	对应第四十二章子目	备注	图片示例
烟袋	tobacco-pouches		4202.3		
工具包	tool bags		4202.9		
运动包	sports bags		4202.9	高尔夫球袋、体操袋、网球拍提袋、滑雪袋和钓鱼袋	
瓶盒	bottle-cases		4202.9		
首饰盒	jewellery boxes		4202.3、4202.9	不仅包括为存放首饰而专门设计的盒子，也包括其形状和配件专门适于盛装一件或多件首饰的各种规格的类似有盖容器，不论是否装有铰链或扣件。它们一般用纺织材料衬里。这些容器盛装首饰后可一同展示及出售，适于长期使用	

表2-1　续5

中文注释名称	英文原文名称	英文词典释义（仅供参考）	对应第四十二章子目	备注	图片示例
粉盒	powder-boxes		4202.3		
刀叉餐具盒	cutlery cases		4202.9		
类似容器（类似以上商品）	similar containers			皮夹子、文具盒、笔盒、票证盒、针线盒、钥匙袋、雪茄烟盒、烟丝盒、工具或珠宝卷包、鞋盒、刷盒等	

2.3 箱包归类思维导图

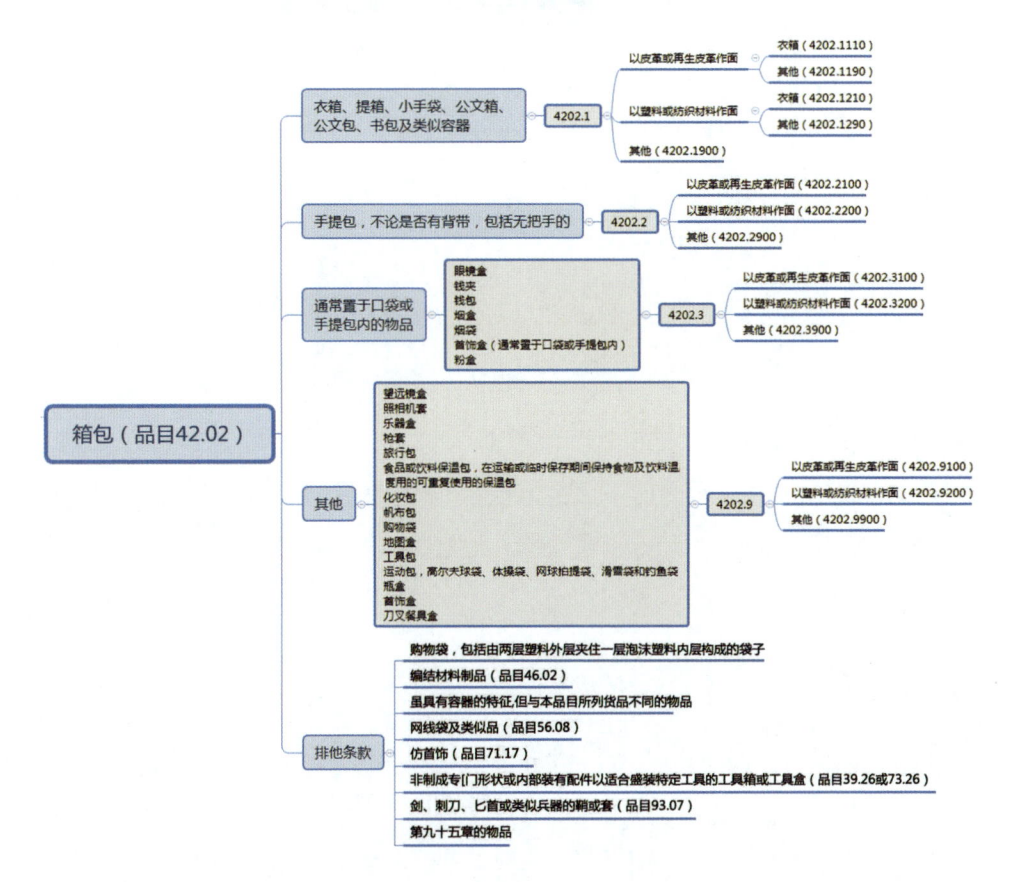

箱包（品目42.02）

- 衣箱、提箱、小手袋、公文箱、公文包、书包及类似容器 — 4202.1
  - 以皮革或再生皮革作面
    - 衣箱（4202.1110）
    - 其他（4202.1190）
  - 以塑料或纺织材料作面
    - 衣箱（4202.1210）
    - 其他（4202.1290）
  - 其他（4202.1900）

- 手提包，不论是否有背带，包括无把手的 — 4202.2
  - 以皮革或再生皮革作面（4202.2100）
  - 以塑料或纺织材料作面（4202.2200）
  - 其他（4202.2900）

- 通常置于口袋或手提包内的物品（眼镜盒、钱夹、钱包、烟盒、烟袋、首饰盒（通常置于口袋或手提包内）、粉盒） — 4202.3
  - 以皮革或再生皮革作面（4202.3100）
  - 以塑料或纺织材料作面（4202.3200）
  - 其他（4202.3900）

- 其他（望远镜盒、照相机套、乐器盒、枪套、旅行包、食品或饮料保温袋，在运输或临时保存期间保持食物及饮料温度用的可重复使用的保温包、化妆包、帆布包、购物袋、地图盒、工具包、运动包、高尔夫球袋、体操袋、网球拍提袋、滑雪袋和钓鱼袋、瓶盒、首饰盒、刀叉餐具盒） — 4202.9
  - 以皮革或再生皮革作面（4202.9100）
  - 以塑料或纺织材料作面（4202.9200）
  - 其他（4202.9900）

- 排他条款
  - 购物袋，包括由两层塑料外层夹住一层泡沫塑料内层构成的袋子
  - 编结材料制品（品目46.02）
  - 虽具有容器的特征，但与本品目所列货品不同的物品
  - 网线袋及类似品（品目56.08）
  - 仿首饰（品目71.17）
  - 非制成专门形状或内部装有配件以适合盛装特定工具的工具箱或工具盒（品目39.26或73.26）
  - 剑、刺刀、匕首或类似兵器的鞘或套（品目93.07）
  - 第九十五章的物品

3

第六十一、六十二章

服装及零附件

3.1 服装知识介绍

常见服装及零附件分类见表3-1。

表3-1 常见服装及零附件分类

序号	类别	名称	相关品目、子目 第六十一章	相关品目、子目 第六十二章
1	衣服类服装	挡风御寒类外套	品目61.01、61.02	品目62.01、62.02
		上衣	子目6103.3、6104.3	子目6203.3、6204.3
		衬衫	品目61.05、61.06	品目62.05、62.06
		睡衣、睡衣裤	子目6107.2、6108.3	子目6207.2、6208.2
		晨衣、浴衣	子目6107.9、6108.9	子目6207.9、6208.9
		T恤衫、汗衫	品目61.09	子目6207.9、6208.9
		背心	品目61.01、61.02、61.09、61.10	品目62.01、62.02、62.07、62.08、62.11
		套头衫、开襟衫	品目61.10	子目6211.3、6211.4
2	套装类服装	西服套装	子目6103.1、6104.1	子目6203.1、6204.1
		便服套装	子目6103.2、6104.2	子目6203.2、6204.2
		运动服	子目6112.1	子目6211.3、6211.4
		游泳服	子目6112.3、6112.4	子目6211.1
		滑雪服	子目6112.2	子目6211.2
3	裤子类服装	长裤、护胸背带工装裤、马裤及短裤	子目6103.4、6104.6	子目6203.4、6204.6
		男装内裤及三角裤、女三角裤及短衬裤	子目6107.1、6108.2	子目6207.1、6208.9
4	裙子类服装	连衣裙	子目6104.4	子目6204.4
		裙子及裙裤	子目6104.5	子目6204.5
		长衬裙及衬裙	子目6108.1	子目6208.1

表3-1 续

序号	类别	名称	相关品目、子目 第六十一章	相关品目、子目 第六十二章
5	其他类服装	经浸渍、涂层等处理的服装	品目61.13	品目62.10
		婴儿服装	品目61.11	品目62.09
		其他服装	品目61.14	品目62.11
6	衣着附件及零件	衣着附件及零件	品目61.15、61.16、61.17	品目62.12、62.13、62.14、62.15、62.16、62.17

3.2 服装类商品归类总原则

3.2.1 《税则》第十一类类注排他条款

1. 本类不包括第三十九章的用塑料浸渍、涂布、包覆或层压的机织物、针织物或钩编织物、毡呢或无纺织物及其制品。

2. 本类不包括第四十章的用橡胶浸渍、涂布、包覆或层压的机织物、针织物或钩编织物、毡呢或无纺织物及其制品。

3. 本类不包括带毛皮张（第四十一章或第四十三章）、品目43.03或43.04的毛皮制品、人造毛皮及其制品。

4. 本类不包括第四十八章的产品或物品（例如，纤维素絮纸）。

5. 本类不包括涂有研磨料的纺织材料（品目68.05）以及品目68.15的碳纤维及其制品。

6. 本类不包括玻璃纤维及其制品，但可见底布的玻璃线刺绣品除外（第七十章）。

3.2.2 服装类商品归类顺序

根据第十一类类注子目注释二（一）含有两种或两种以上纺织材料的第五十六章至第六十三章的产品，应根据本类注释二对第五十章至第五十五章或品目58.09的此类纺织材料产品归类的规定来确定归类。第十一类类注二（一）可归入第五十章至第五十五章及品目58.09或59.02的由两种或两种以上纺织材料混合制成的货品，应按其中重量最大的那种纺织材料归类。当没有一种纺织材料重量较大时，应按可归入的有关品目中最后一个品目所列的纺织材料归类。

该类商品在归类时须根据商品属性，依次确定各级商品编码。首先确定章、确定4位品目，其次确定6位子目、8位税则号列，最后确定10位商品编号。

例如，申报男式针织长裤，材质为50%蚕丝、50%克什米尔山羊细毛。归类顺序为：

1. 确定章，针织服装应归入第六十一章；

2. 确定4位品目61.03，男式长裤应归入子目6103.4长裤、护胸背带工装裤、马裤及短裤；

3. 再确定6位子目：

6103.4100--羊毛或动物细毛制

6103.4200--棉制

6103.4300--合成纤维制

6103.4900--其他纺织材料制

此时，应根据第十一类章节顺序［第五十章蚕丝、第五十一章毛、第五十二章棉花、第五十三章其他植物纺织纤维、第五十四章化纤（长）、第五十五章化纤（短）］确定6位子目，因申报材质为50%蚕丝、50%克什米尔山羊细毛，应归入6103.4100。

3.3　服装类商品归类一般要求

3.3.1　针织或钩编与非针织或非钩编的归类要求

根据服装面料的织造方法判断应归入第六十一章或第六十二章，针织或钩编服装应归入第六十一章（62.12的商品除外）；非针织或非钩编服装应归入第六十二章。

注意：在第六十一章或第六十二章内，优先考虑婴儿服装及衣着附件，其次考虑是否采用特殊织物，如用塑料、橡胶或其他材料处理过的织物等优先归入品目61.13或62.10。

3.3.2 婴儿服装和衣着附件的归类要求

服装按年龄分类可分为成人服装和儿童服装，一般将儿童穿着的服装称为童装，童装可分为大童装、中童装、幼童装以及宝宝装、婴儿装等。在商品归类中，对于成人服装和儿童服装并未予以区分，但对婴儿服装有定义，因此，归类时须区分儿童服装和婴儿服装。

根据第六十一章章注六和第六十二章章注五的规定，所称"婴儿服装及衣着附件"是指身高不超过86厘米的幼儿穿着的服装。品目61.11和62.09包括：游戏服、小丑服、背心连裤童装外衣、婴儿围涎、分指手套、连指手套、露指手套、紧身衣裤，以及没有用粘、缝或其他方法将外底固定在鞋面上的婴儿连袜鞋。品目61.11和62.09不包括：婴儿软帽（品目65.05）、婴儿尿布及尿布衬里（品目96.19）、《协调制度》其他章中列名更为具体的婴儿衣着附件。必须注意，既可归入品目61.11（62.09），也可归入第六十一章和第六十二章其他品目的物品，应归入品目61.11（62.09）。

3.3.3 男式服装与女式服装的归类要求

现代服装中的男式服装与女式服装在领式、叠门、纽眼以及工艺、造型方面都发生了微妙的变化，性别的区分已不再是壁垒森严，而是逐渐混二为一，趋向一体化。主要是女装融入男装元素，使女装在阴柔美之中增加了阳刚之气，如女青年喜欢穿着的前门襟牛仔裤、男式硬领衬衫、夹克衫等；而属于女性的缤纷色彩也在男性的衬衫、T恤衫、领带等服装及衣着附件上被大胆运用。

对于男式服装与女式服装的归类区分，在商品归类中，根据第六十一章章注九和第六十二章章注九的规定，正常情况下，凡门襟为左压右的，应视为男式；右压左的，应视为女式。但式样已明显为男式或女式的服装除外。无法区别是男式还是女式的服装，按女式服装归入有关品目。

3.3.4 套装的归类要求

服装品目的排列顺序大致是：由外衣到内衣，先男装后女装，然后是婴儿服装、运动服装，最后是衣着附件和零件。

注意：如果是套装（西服套装、便服套装、滑雪套装、运动服、两件套游泳衣），必须符合相应的章注规定，才能作为套装一并归类，否则必须分开归类。

例1 一套用相同针织物制成的女式西服套装，零售包装，内有一件西服上衣、一条裙子和一条长裤。根据第六十一章章注三（一）对西服套装的规定，则西服上衣和裙子可作为西服套装归入6104.1；同一包装内的长裤归入6104.6。

例2 一套用相同针织物制成的男式便服套装，塑料袋包装，供零售，由一件衬衫、一条短裤和一件背心组成。根据第六十一章章注三（二）对便服套装的规定，衬衫和短裤可作为便服套装归入6103.2；背心归入61.09。

3.3.5 服装混纺材料的归类要求

1. 根据第十一类类注二（一）的规定，当服装由两种或两种以上纺织材料混合制成时，应按其中重量最大的那种纺织材料归类。

例1 "面料为65%腈纶纤维和35%棉纤维构成的服装"，归类时应按合成纤维（腈纶）的服装进行归类。

例2 "面料为40%麻纤维、30%涤纶纤维和30%尼龙纤维构成的服装"，由于涤纶和尼龙均是合成纤维，它们合计重量大于麻纤维，因此归类时应按合成纤维的服装进行归类。

2. 根据第十一类类注二（一）和子目注释二（一）的规定，当没有一种纺织材料重量较大时，应按可归入的有关品目中最后一个品目所列的纺织材料归类。

例如,"面料为50%棉纤维和50%麻纤维构成的机织婴儿服装",由于棉属于第五十二章的纤维,麻属于第五十三章的纤维,因此归类时应按麻纤维服装归入子目6209.90。

3.3.6 服装组合材料的归类要求

当服装面料由两种或两种以上织物材料组成,如由部分针织物和部分机织物构成,则根据归类总规则三(二)的基本特征归类原则进行归类。例如,"一件由针织物和机织物构成的服装",如果针织物所占比例多于机织物,则应按照针织服装归入第六十一章。

当不能确定哪部分织物是服装的基本特征时,可根据归类总规则三(三)的从后归类原则进行归类。

3.4 具体商品验估归类要点

3.4.1 挡风御寒类外套(品目61.01、61.02、62.01、62.02)

1. 挡风御寒类外套的基本概念

在商品归类中,挡风御寒类外套是指品目61.01、61.02、62.01、62.02所指的大衣、短大衣、斗篷、短斗篷、带风帽的防寒短上衣(包括滑雪短上衣)、防风衣、防风短上衣及类似品。其中品目61.01、61.02是以针织或钩编物作面料,品目62.01、62.02是以机织物作面料。

大衣、防风衣、防寒短上衣等类似服装均为挡风御寒类服装。

大衣是衣长过臀的外穿防寒服装。衣长至膝盖略下,大翻领,收腰式,襟式有单排纽、双排纽。款式主要在领、袖、门襟、袋等部位变化。按衣身长度分,有长、中、短三种。按材料分,有用厚型呢料裁制的呢大衣,还有用棉布作面、里料,中间絮棉的棉大衣。按用途分,有礼仪活动穿着的礼服大衣,有抵御风寒的连帽风雪大衣,还有两面均可穿用、兼具御寒、防雨作用的两用大衣。

我们通常所说的风衣与防风衣并不是同一类衣服，防风衣更强调防风的功能，款式接近于常见的户外冲锋衣（见图1）。风衣是一种防风雨的薄型大衣，又称风雨衣。起源于第一次世界大战时西部战场的军用大衣，又被称为"战壕服"（trench coat）。其款式特点是前襟双排扣，右肩附加裁片，开袋，配同色料的腰带、肩襻、袖襻，采用装饰线缝（见图2）。战后，这种大衣曾先作为女装流行，后来有了男女之别、长短之分，并发展出束腰式、直筒式、连帽式等形制，领、袖、口袋以及衣身的各种切割线条也纷繁不一、风格各异。

防寒服最初为登山或滑雪运动员穿用，又称登山服或滑雪服（见图3）（注意与品目61.12和62.14所述的滑雪服区分）。面料为防雨卡其或尼龙布，用细布或绸料做夹里，内填鸭绒。特点是重量轻、表面光滑、保暖性好，很多人购置作为冬装。近些年，防寒服的式样、色彩逐渐增多，老、中、青年都可穿着，随着新产品的不断出现，目前生产的防寒服中有采用腈纶棉或中空涤纶棉填充制成。

图1　防风衣 　　　图2　风衣 　　　图3　滑雪短上衣

2. 挡风御寒类外套商品示例（见表3-2）

表3-2 挡风御寒类外套商品示例表

中文注释名称	英文原文名称	英文词典释义（仅供参考）	图片示例
大衣	overcoats	a long coat that is worn to keep a person warm during cold weather	
雨衣	raincoats	a coat that you wear when it rains in order to stay dry	
短大衣	car-coats	car-coat is an outer garment originally made to be worn by automobile drivers and passengers. First designed to provide maximum warmth and coverage, over time it became a much shorter garment. Today it describes a coat that typically ends at mid-thigh. It is worn by both men and women	
斗篷	capes	a piece of clothing that does not have sleeves and that fits closely at the neck and hangs over the shoulders, arms, and back	
雨披	ponchos	a piece of clothing that is used as a coat and that is made of a single piece of cloth or plastic with a hole in the middle for a person's head to go through	

表3-2 续1

中文注释名称	英文原文名称	英文词典释义（仅供参考）	图片示例
短斗篷	cloaks	a piece of clothing that is used as a coat, that has no sleeves, and that is worn over the shoulders and attached at the neck	
带风帽的防寒短上衣	anoraks	a jacket that has a hood and that is long enough to cover your hips	
滑雪短上衣	ski-jackets	a parka to be worn while skiing	
防风衣	wind-cheaters	a light jacket that protects you from the wind; a jacket designed to protect you from the wind	

表3-2 续2

中文注释名称	英文原文名称	英文词典释义（仅供参考）	图片示例
防风短上衣	wind-jackets	wind-jackets=windbreaker. The term "windbreaker", used primarily in North America and Japan, is probably in the process of becoming a genericized trademark, but it is still registered with the U.S. Trademark Office. It was first used by the John Rissman company of Chicago for its gabardine jackets. The term "windcheater" is used in the United Kingdom and certain Commonwealth countries, including Australia and India. It also refers to any glossy synthetic material used to make clothing. Windcheater tops are also commonly known as cagoules or "wind jammers" in the United Kingdom. However, the term "windcheater" precedes the term "windbreaker" and was originally used to describe a sort of garment that was more akin to a pull-over anorak than a modern windbreaker. Unlike windbreakers, which are waist-length, windcheaters tend to extend up to the thighs and lack quilting or net linings	
中大衣	three-quarter coats	a three-quarter length coat	
厚重长大衣	greatcoats	a long heavy coat, especially one worn by soldiers	

表3-2 续3

中文注释名称	英文原文名称	英文词典释义（仅供参考）	图片示例
带头兜斗篷	hooded capes	cape：a piece of clothing that does not have sleeves and that fits closely at the neck and hangs over the shoulders, arms, and back	
粗呢大衣	duffel coats	a heavy coat made of wool, that usually has a hood and is fastened with toggles	
有腰带的双排扣大衣	trench coats	a usually long raincoat with deep pockets and a belt；a long loose coat, worn especially to keep off rain, with a belt and pockets in the style of a military coat	
华达呢大衣	gabardines	a coat, especially a raincoat, made of gabardine	

表3-2 续4

中文注释名称	英文原文名称	英文词典释义（仅供参考）	图片示例
风雪大衣	parkas	a very warm jacket or coat with a hood that often has fur inside	
有胎料背心	padded waist-coats	waist-coats：a short piece of clothing with buttons down the front but no sleeves, usually worn over a shirt and under a jacket, often forming part of a man's suit	

3. 特殊条款

（1）根据第六十一章章注八和第六十二章章注六的规定，既可归入品目61.13或62.10，也可归入第六十一章和第六十二章其他品目的服装，除品目61.11和62.09所列的仍归入该品目外，其余的应一律归入品目61.13或62.10。即品目61.01、61.02、62.01、62.02不包括用品目59.03（用塑料处理的）、59.06（用橡胶处理的）或59.07（用其他材料处理的）的织物制成的用材料处理的服装，该类服装应归入品目61.13或62.10。

（2）根据第六十一章和第六十二章的子目注释规定，用品目58.11的成匹被褥状纺织产品所制的物品应归入第六十一章和第六十二章各品目的子目中，这类物品应以构成其面料的纺织材料所具有的基本特征来确定归类。例如，一件男式夹有胎料的带风帽的防寒短上衣，面料为60%的棉及40%的聚酯混纺针织物，应归入子目6101.20。必须注意，即使面料本身归入品目59.03、59.06或59.07，由其制成的服装也不应归入品目61.13或62.10。

（3）不包含用品目 56.02、56.03 的织物制成的服装（品目 62.10）。

4. 挡风御寒类外套归类思维导图

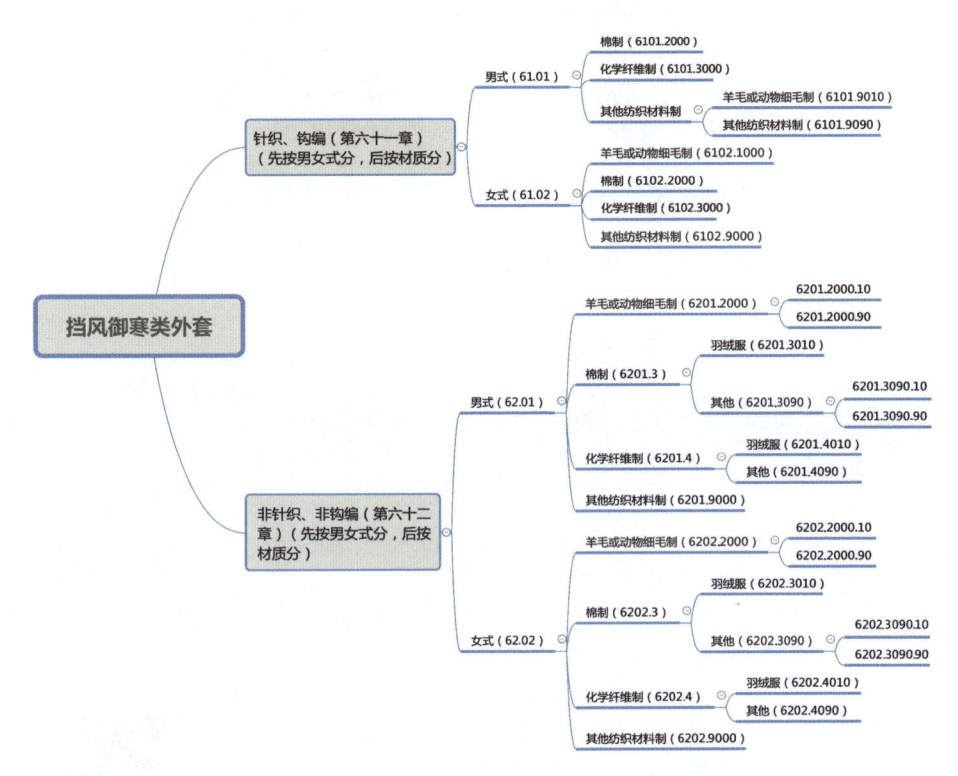

```
挡风御寒外套
├── 针织、钩编（第六十一章）（先按男女式分，后按材质分）
│   ├── 男式（61.01）
│   │   ├── 棉制（6101.2000）
│   │   ├── 化学纤维制（6101.3000）
│   │   └── 其他纺织材料
│   │       ├── 羊毛或动物细毛制（6101.9010）
│   │       └── 其他纺织材料制（6101.9090）
│   └── 女式（61.02）
│       ├── 羊毛或动物细毛制（6102.1000）
│       ├── 棉制（6102.2000）
│       ├── 化学纤维制（6102.3000）
│       └── 其他纺织材料制（6102.9000）
└── 非针织、非钩编（第六十二章）（先按男女式分，后按材质分）
    ├── 男式（62.01）
    │   ├── 羊毛或动物细毛制（6201.2000）
    │   │   ├── 6201.2000.10
    │   │   └── 6201.2000.90
    │   ├── 棉制（6201.3）
    │   │   ├── 羽绒服（6201.3010）
    │   │   └── 其他（6201.3090）
    │   │       ├── 6201.3090.10
    │   │       └── 6201.3090.90
    │   ├── 化学纤维制（6201.4）
    │   │   ├── 羽绒服（6201.4010）
    │   │   └── 其他（6201.4090）
    │   └── 其他纺织材料制（6201.9000）
    └── 女式（62.02）
        ├── 羊毛或动物细毛制（6202.2000）
        │   ├── 6202.2000.10
        │   └── 6202.2000.90
        ├── 棉制（6202.3）
        │   ├── 羽绒服（6202.3010）
        │   └── 其他（6202.3090）
        │       ├── 6202.3090.10
        │       └── 6202.3090.90
        ├── 化学纤维制（6202.4）
        │   ├── 羽绒服（6202.4010）
        │   └── 其他（6202.4090）
        └── 其他纺织材料制（6202.9000）
```

3.4.2 上衣（子目 6103.3、6104.3、6203.3、6204.3）

1. 上衣的基本概念

在商品归类中，上衣是指子目 6103.3、6104.3、6203.3、6204.3 所指的服装。其中，子目 6103.3、6104.3 是以针织或钩编物作面料，子目 6203.3、6204.3 是以机织物作面料。

上衣应具有与西服外套及短上衣相同的特征，但其面料除袖子、贴边或领子外，可由三片或三片以上布料（其中两片为前襟）纵向缝合而成，通常指人体上半身穿着的、其前部全开襟、无扣或有扣（拉链除外）、长度不超过大腿中部、不适于套在其他外套和上衣之上的服装（见图4、图5）。

图4　牛仔外套　　　图5　女式外套

2. 上衣商品示例（见表3-3）

表3-3　上衣商品示例表

中文注释名称	英文原文名称	英文词典释义（仅供参考）	对应第六十一、六十二章子目	图片示例
上衣	jackets	a piece of clothing worn on the top half of the body over a shirt, that has sleeves and fastens down the front; a short, light coat	6103.3、6104.3、6203.3、6204.3	
	blazers	a jacket, not worn with matching trousers/pants, often showing the colours or badge of a club, school, team		

3. 排他条款

（1）品目61.01、61.02、62.01及62.02的带风帽防寒短上衣、防风衣、滑雪短上衣及类似服装。

（2）套头衫及背心，因为套头衫可在两件套服装中作为内衣，背心也可作为内衣。

（3）单独报验的马甲（西服背心）（品目61.10）。

（4）运动服、滑雪服及游泳服（品目61.12）。

4. 上衣归类思维导图

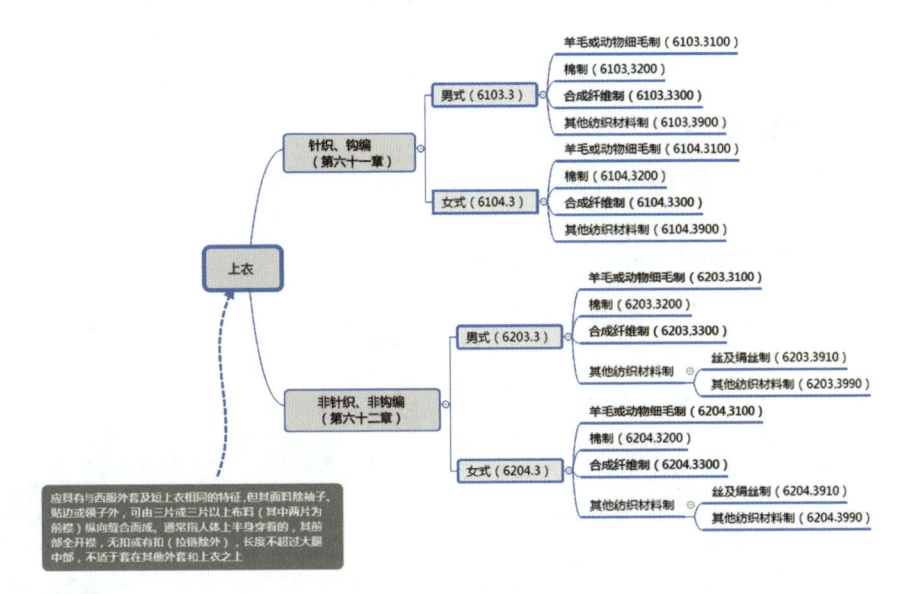

```
上衣
├── 针织、钩编（第六十一章）
│   ├── 男式（6103.3）
│   │   ├── 羊毛或动物细毛制（6103.3100）
│   │   ├── 棉制（6103.3200）
│   │   ├── 合成纤维制（6103.3300）
│   │   └── 其他纺织材料制（6103.3900）
│   └── 女式（6104.3）
│       ├── 羊毛或动物细毛制（6104.3100）
│       ├── 棉制（6104.3200）
│       ├── 合成纤维制（6104.3300）
│       └── 其他纺织材料制（6104.3900）
└── 非针织、非钩编（第六十二章）
    ├── 男式（6203.3）
    │   ├── 羊毛或动物细毛制（6203.3100）
    │   ├── 棉制（6203.3200）
    │   ├── 合成纤维制（6203.3300）
    │   └── 其他纺织材料制
    │       ├── 丝及绢丝制（6203.3910）
    │       └── 其他纺织材料制（6203.3990）
    └── 女式（6204.3）
        ├── 羊毛或动物细毛制（6204.3100）
        ├── 棉制（6204.3200）
        ├── 合成纤维制（6204.3300）
        └── 其他纺织材料制
            ├── 丝及绢丝制（6204.3910）
            └── 其他纺织材料制（6204.3990）
```

> 应具有与西服外套及短上衣相同的特征，但其面料除袖子、贴边或领子外，可由三片或三片以上布料（其中两片为前襟）纵向缝合而成，通常指人体上半身穿着的，其前部全开襟，无扣或有扣（拉链除外），长度不超过大腿中部，不适于套在其他外套和上衣之上。

3.4.3 衬衫（品目 61.05、61.06、62.05、62.06）

1. 衬衫的基本概念

在商品归类中，衬衫及仿男式女衬衫是指人体上半身穿着并从领口处全开襟或半开襟的长袖或短袖衣服。衬衫可有衣领。其中品目 61.05、61.06 是以针织或钩编物作面料，品目 62.05、62.06 是以机织物作面料。

衬衫可以穿在内外上衣之间，也可作单独穿用的上衣。衬衫最初多为男用，20 世纪 50 年代渐渐被女性穿着，现已成为常用服装之一。西式衬衫的领讲究而多变，领式按翻领前的"八字"形区分，有小方领、中方领、短尖领、中尖领、长尖领和八字领等。

衬衫的款式，除领式外，衣身有直腰身、曲腰身、内翻门襟、外翻门襟、方下摆、圆下摆以及有背褶和无背褶等。袖有长袖、短袖、单袖头、双袖头等。衬衫的衍生品种中，常见的有礼服衬衫、运动衬衫、夏威夷衬衫、牛仔衬衫等（见图 7、图 8、图 9）。

图7　礼服衬衫 　　　图8　运动衬衫 　　　图9　夏威夷衬衫

2. 衬衫商品示例（见表3-4）

表3-4　衬衫商品示例表

中文注释名称	英文原文名称	英文词典释义（仅供参考）	注释列举商品	英文词典释义（仅供参考）	图片示例
男衬衫	shirts	a piece of clothing（usually for men），worn on the upper part of the body, made of light cloth, with sleeves and usually with a collar and buttons down the front	活络领衬衫	detachable collars	 
			礼服衬衫	dress shirts a white shirt worn on formal occasions with a bow tie and suit; a smart shirt with long sleeves which can be worn with a tie	 
			运动衬衫	sports shirts a man's shirt for informal occasions	
			休闲衬衫	leisure shirts	

表3-4 续

中文注释名称	英文原文名称	英文词典释义（仅供参考）	注释列举商品	英文词典释义（仅供参考）	图片示例
女衬衫	blouses	a piece of clothing like a shirt, worn by women	罩衫	a piece of clothing like a shirt, worn by women; an often somewhat formal shirt for women and girls	
	shirts	a piece of clothing (usually for men), worn on the upper part of the body, made of light cloth, with sleeves and usually with a collar and buttons down the front	衬衫	a piece of clothing (usually for men), worn on the upper part of the body, made of light cloth, with sleeves and usually with a collar and buttons down the front	
	shirt-blouses		仿男式女衬衫		

3. 排他条款

（1）具有防风衣、防风短上衣等特征（通常下摆收紧）的服装。

（2）具有短上衣特征（通常腰围以下有口袋）的服装。

（3）男衬衫不包含无袖服装、长睡衣；女衬衫不包含品目61.14、62.11的工作罩衫及类似的防护服。

（4）腰围以下有口袋的、带螺纹腰带的服装。

（5）涂层织物服装。

（6）婴儿服装。

（7）其织物至少在 10 厘米×10 厘米的面积内沿各方向直线长度上平均每厘米少于 10 针的衣服。

（8）品目 61.09 的 T 恤衫、汗衫及其他内衣背心。

4. 部分注释中易混淆的名词解释

（1）工作罩衫（smock）（见图 10）

在商品归类中，罩衫是指人体上半身穿着的宽松服装。可以无袖，领口处也可以不开襟，可有衣领。

英文释义（仅供参考）：a loose comfortable piece of clothing like a long shirt, worn especially by women; a long loose piece of clothing worn over other clothes to protect them from dirt.

（2）汗衫（singlet）（见图 11）

英文释义（仅供参考）：a piece of clothing without sleeves, worn under or instead of a shirt; a similar piece of clothing worn by runners.

图 10　工作罩衫　　　　　　图 11　汗衫

5. 衬衫归类思维导图

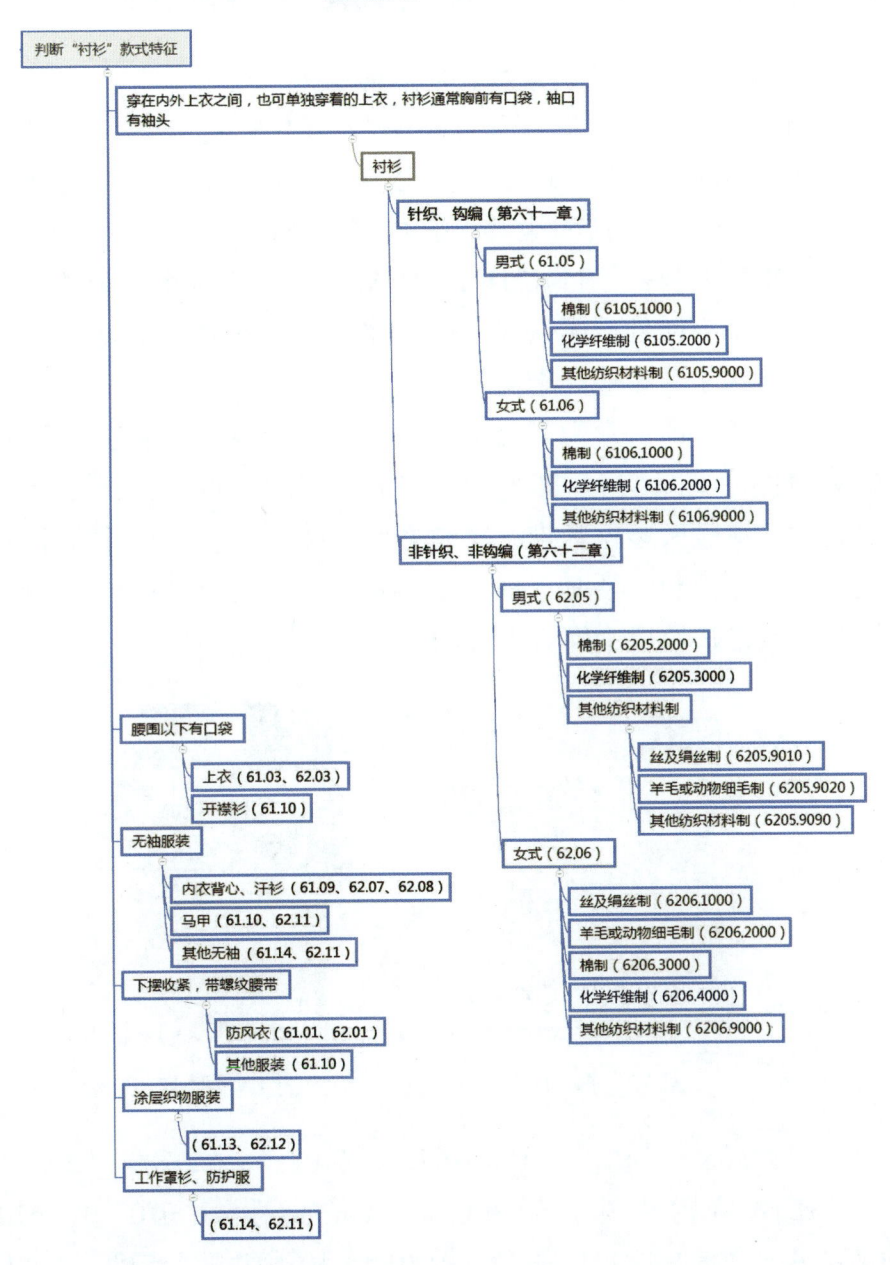

```
判断"衬衫"款式特征
│
├── 穿在内外上衣之间，也可单独穿着的上衣，衬衫通常胸前有口袋，袖口有袖头
│        │
│        └── 衬衫
│              │
│              ├── 针织、钩编（第六十一章）
│              │     │
│              │     ├── 男式（61.05）
│              │     │     ├── 棉制（6105.1000）
│              │     │     ├── 化学纤维制（6105.2000）
│              │     │     └── 其他纺织材料制（6105.9000）
│              │     │
│              │     └── 女式（61.06）
│              │           ├── 棉制（6106.1000）
│              │           ├── 化学纤维制（6106.2000）
│              │           └── 其他纺织材料制（6106.9000）
│              │
│              └── 非针织、非钩编（第六十二章）
│                    │
│                    ├── 男式（62.05）
│                    │     ├── 棉制（6205.2000）
│                    │     ├── 化学纤维制（6205.3000）
│                    │     └── 其他纺织材料制
│                    │           ├── 丝及绢丝制（6205.9010）
│                    │           ├── 羊毛或动物细毛制（6205.9020）
│                    │           └── 其他纺织材料制（6205.9090）
│                    │
│                    └── 女式（62.06）
│                          ├── 丝及绢丝制（6206.1000）
│                          ├── 羊毛或动物细毛制（6206.2000）
│                          ├── 棉制（6206.3000）
│                          ├── 化学纤维制（6206.4000）
│                          └── 其他纺织材料制（6206.9000）
│
├── 腰围以下有口袋
│     ├── 上衣（61.03、62.03）
│     └── 开襟衫（61.10）
│
├── 无袖服装
│     ├── 内衣背心、汗衫（61.09、62.07、62.08）
│     ├── 马甲（61.10、62.11）
│     └── 其他无袖（61.14、62.11）
│
├── 下摆收紧，带螺纹腰带
│     ├── 防风衣（61.01、62.01）
│     └── 其他服装（61.10）
│
├── 涂层织物服装
│     └──（61.13、62.12）
│
└── 工作罩衫、防护服
      └──（61.14、62.11）
```

3.4.4 睡衣、睡衣裤、晨衣、浴衣（子目 6107.2、6108.3、6107.9、6108.9、6207.2、6208.2、6207.9、6208.9）

1. 睡衣、睡衣裤、晨衣、浴衣的基本概念

（1）睡衣、睡衣裤（子目 6107.2、6108.3、6207.2、6208.2）

在商品归类中，睡衣、睡衣裤是指子目 6107.2、6108.3、6207.2、6208.2 所指的服装。其中子目 6107.2、6108.3 是以针织或钩编物作面料，子目 6207.2、6208.2 是以机织物作面料。

睡衣裤由两件构成，即一件人体上半身穿着的服装和一条下半身穿着的裤子，一般配套穿着（见图 12）。睡衣一般全开襟，翻驳领或无领式，即通常为开襟上衣型，套头衫或类似服装，分长袖和短袖两种（见图 13）。睡裤为剪裁简单的长裤或短裤，无门襟或门襟在前，裤腰嵌装松紧带，穿脱方便。睡衣裤各件尺寸大小相互匹配，剪裁、面料、质地、颜色、饰品及整理程度必须完全相匹配，以显示其是按照成套穿着设计的。

图 12　睡衣裤 　　　　　图 13　睡衣

（2）晨衣、浴衣（子目 6107.9、6108.9、6207.9、6208.9）

在商品归类中，晨衣、浴衣是指子目 6107.9、6108.9、6207.9、6208.9 所指的服装。其中子目 6107.9、6108.9 是以针织物作面料的服装，子目 6207.9、6208.9 是以机织物作面料的服装。

晨衣又称晨楼，一般为春、秋、冬季起床后防寒穿着，有长型

（至膝下）、短型（至臀下膝上）等，前开襟，搭门较宽，青果领，腰间系带；大都以软缎、织锦缎等为面料，配以绸衬里，中间絮腈纶棉或丝棉；可在衣身上缝出精致、密集的云纹花，以及福、寿、回纹等团花图案，也可在衣领、袖口、袋口等部位镶配异料（见图14）。

图 14　晨衣

浴衣是浴后直接穿在身上，以吸收人体表面大量水分的服装，宜选用柔软而富有弹性并能吸湿的毛圈机织物和针织物制成。浴衣式样与晨衣大致相同，但为单层（见图15、图16）。

图 15　海滨浴衣 　　　　**图 16　浴衣**

2. 睡衣、睡衣裤、晨衣、浴衣商品示例（见表3-5）

表3-5 睡衣、睡衣裤、晨衣、浴衣商品示例表

中文注释名称	英文原文名称	英文词典释义（仅供参考）	对应第六十一、六十二章子目	图片示例
睡衣	nightdress	a long loose piece of clothing like a thin dress, worn by a woman or girl in bed	6107.2、6108.3、6207.2、6208.2	
长睡衣	negligee	a woman's dressing gown made of very thin cloth; a woman's long flowing usually sheer dressing gown		
睡衣裤	nightshirt	a long loose shirt worn in bed	6107.2、6108.3、6207.2、6208.2	
	pyjamas	a loose jacket and trousers/pants worn in bed; a loose usually two-piece lightweight suit designed especially for sleeping or lounging		

表3-5 续

中文注释名称	英文原文名称	英文词典释义（仅供参考）	对应第六十一、六十二章子目	图片示例
晨衣	dressing gowns	a long loose piece of clothing, usually with a belt, worn indoors over night clothes; a robe worn especially while dressing or resting	6107.9、6108.9、6207.9、6208.9	
浴衣	bathrobes (including beachrobes)	a loose piece of clothing worn before and after taking a bath; a loose often absorbent robe worn before and after bathing or as a dressing gown		

3. 排他条款

（1）汗衫及其他内衣背心（品目61.09）。

（2）胸罩、束腰带、紧身胸衣及类似品（品目62.12）。

4. 部分易混淆的名词解释

（1）睡衣/长睡衣

英文释义（仅供参考）：a nightdress is a long loose piece of clothing like a thin dress, worn by a woman or girl in bed; a nightshirt is a garment intended for wear while sleeping, longer than most regular shirts, reaching down to the thighs or below the knees; negligee is a form of nightgown intended for wear at night and in the bedroom. Often much looser and made of sheer and diaphanous fabrics and trimmed with lace or other fine material, and bows. Multiple layers of fabric are often used.

（2）晨衣与浴衣

英文释义（仅供参考）：a dressing gown is a loose, open-fronted gown closed with a fabric belt that is put on over nightwear on rising from bed; a bathrobe is usually made from towelling or other absorbent textile, and may be donned while the wearer's body is wet, serving both as a towel and an informal garment.

5. 睡衣、睡衣裤、晨衣、浴衣归类思维导图

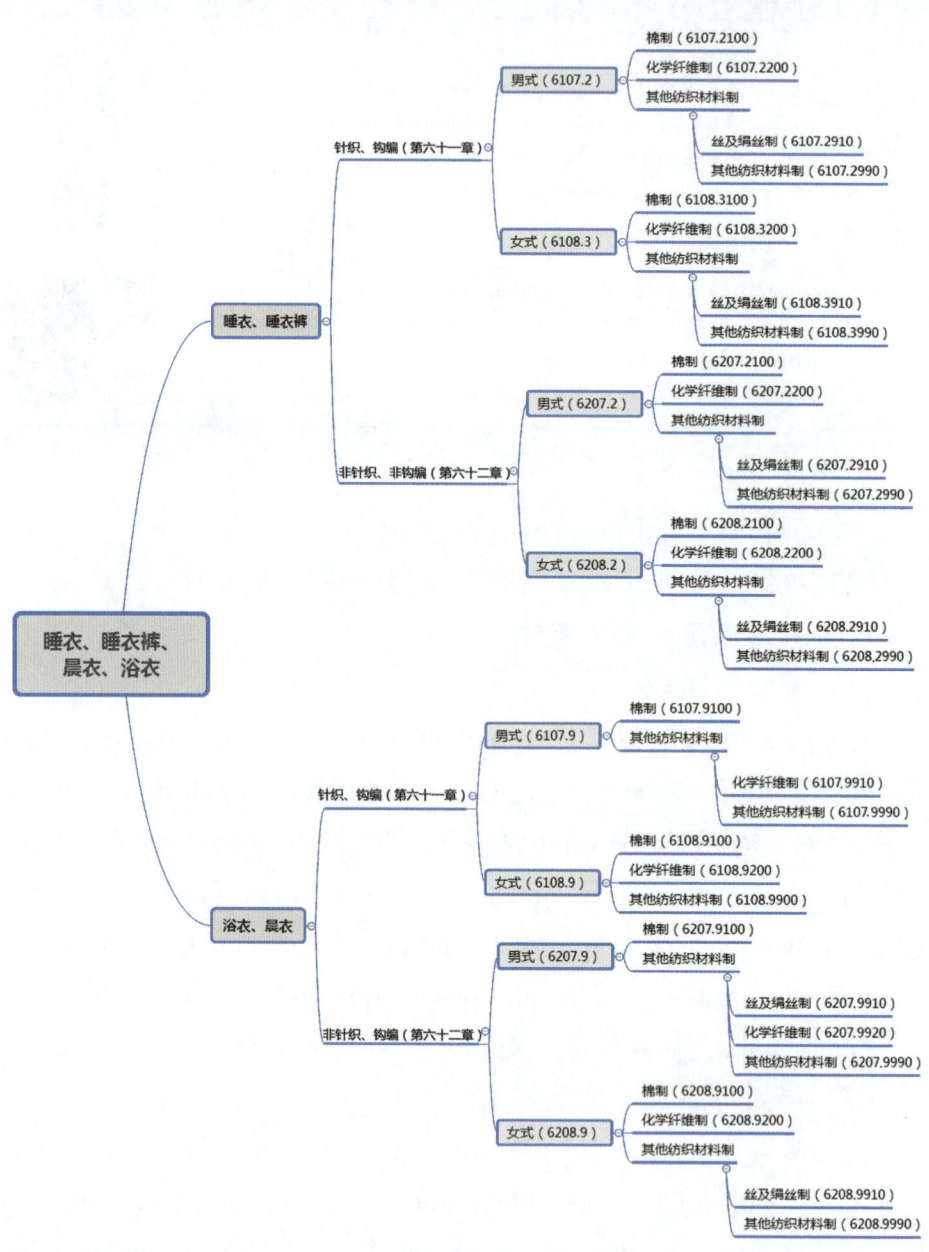

睡衣、睡衣裤、晨衣、浴衣

- 睡衣、睡衣裤
  - 针织、钩编（第六十一章）
    - 男式（6107.2）
      - 棉制（6107.2100）
      - 化学纤维制（6107.2200）
      - 其他纺织材料制
        - 丝及绢丝制（6107.2910）
        - 其他纺织材料制（6107.2990）
    - 女式（6108.3）
      - 棉制（6108.3100）
      - 化学纤维制（6108.3200）
      - 其他纺织材料制
        - 丝及绢丝制（6108.3910）
        - 其他纺织材料制（6108.3990）
  - 非针织、非钩编（第六十二章）
    - 男式（6207.2）
      - 棉制（6207.2100）
      - 化学纤维制（6207.2200）
      - 其他纺织材料制
        - 丝及绢丝制（6207.2910）
        - 其他纺织材料制（6207.2990）
    - 女式（6208.2）
      - 棉制（6208.2100）
      - 化学纤维制（6208.2200）
      - 其他纺织材料制
        - 丝及绢丝制（6208.2910）
        - 其他纺织材料制（6208.2990）
- 浴衣、晨衣
  - 针织、钩编（第六十一章）
    - 男式（6107.9）
      - 棉制（6107.9100）
      - 其他纺织材料制
        - 化学纤维制（6107.9910）
        - 其他纺织材料制（6107.9990）
    - 女式（6108.9）
      - 棉制（6108.9100）
      - 化学纤维制（6108.9200）
      - 其他纺织材料制（6108.9900）
  - 非针织、非钩编（第六十二章）
    - 男式（6207.9）
      - 棉制（6207.9100）
      - 其他纺织材料制
        - 丝及绢丝制（6207.9910）
        - 化学纤维制（6207.9920）
        - 其他纺织材料制（6207.9990）
    - 女式（6208.9）
      - 棉制（6208.9100）
      - 化学纤维制（6208.9200）
      - 其他纺织材料制
        - 丝及绢丝制（6208.9910）
        - 其他纺织材料制（6208.9990）

3.4.5　T恤衫、汗衫、背心、套头衫、开襟衫（品目 61.01、61.02、61.09、61.10、62.01、62.02、62.07、62.08、62.11）

1. T恤衫、汗衫、背心、套头衫、开襟衫的基本概念

（1）T恤衫（品目 61.09），汗衫（品目 61.09，子目 6207.9、6208.9）

T恤衫在商品归类中的概念与其在日常生活中的概念有所不同。根据品目 61.09 条文注释，所称"T恤衫"，是指针织或钩编的内衣类轻质服装，用棉花或化学纤维织成的非起绒、割绒或毛圈组织织物制成，有单色或多色，不论是否带衣兜，有紧身长袖或短袖，无领、无扣、领口无门襟而且开口有高有低（圆形、方形、船形或V形领口）。这类服装除花边以外，可以印制、针织或用其他方法加上广告、图画或文字进行装饰，其下摆通常缝边（见图17）。

图 17　T恤衫

简单概括，T恤衫的款式特点为无领、无扣、无门襟，下摆不收紧。

汗衫是一种贴身内上衣（见图18、图19），多用棉、丝类针织物缝制，易吸汗，穿着舒适。

图18 汗衫1　　　　图19 汗衫2

在商品归类中，条文注释并未对"汗衫"作概念性的规定，但根据第六十一章章注释规定，品目61.09不包括带有束带、罗纹腰带或其他方式收紧下摆的服装。也不包括61.05和61.06的男女衬衣和女式罩衫。

（2）背心（品目61.01、61.02、61.09、61.10，子目6201.9、6202.9、6207.9、6208.9、6211.3、6211.4）

在商品归类中，"背心"是指品目61.01、61.02、61.09、61.10，子目6201.9、6202.9、6207.9、6208.9、6211.3、6211.4所指的服装。其中，品目61.01、61.02、61.09、61.10是以针织或钩编物作面料，子目6201.9、6202.9、6207.9、6208.9、6211.3、6211.4是以机织物作面料。

在我国纺织工业中，背心指无袖上衣，可穿于外衣之内，也可穿于外面，便于双手活动，又称马甲、坎肩。现代背心款式，按穿法有套头式、开襟式（包括前开襟、后开襟、侧开襟或半襟等）；按衣身外形有收腰式、直腰式等；按领式有无领、立领、翻领、驳领等。

在商品归类中，背心大致可分为三种：

①品目61.09、61.10所指的无袖背带式背心。品目61.09指轻质背心（见图20）。根据第六十一章注释规定，品目61.09不包括带有束带、罗纹腰带或其他方式收紧下摆的服装，因此，若不符合

内衣类针织背心的商品范畴，则按外穿类针织背心归入品目 61.10（图 21）。

图 20　轻质背心 　　　　　图 21　针织背心

②子目 6207.9、6208.9，品目 62.11 所指的背心。子目 6207.9、6208.9 所指的背心是一种内衣类的机织背心。若不符合内衣类机织背心的商品范畴，则按其他服装归入品目 62.11（见图 22、图 23）。

图 22　外穿背心-1 　　　　图 23　外穿背心-2

③品目 61.01、61.02，子目 6201.9、6202.9 所指的有胎料背心，是一种有面料、衬里、中间夹有絮胎（如羽绒、棉花、化学纤维等）的服装，该背心应作为防寒服归类（见图 24）。

图 24　羽绒背心

（3）套头衫、开襟衫（品目 61.10）

在商品归类中，套头衫、开襟衫是指品目 61.10 所指的针织或钩编服装。

套头衫是一种用于人体上半身以套头形式穿着的针织或钩编服装，但背心除外。

对于套头式穿着的针织服装，若是面料非轻质的外穿类套头衫（如起绒套头衫、毛圈套头衫等），或面料虽为轻质的外穿类套头衫，但带有束带、罗纹腰带或以其他方式收紧下摆，即不符合品目 61.09 的内衣类套头式针织服装，应考虑归入品目 61.10 的其他套头衫（见图 25、图 26）。

图 25　起绒套头衫　　　　图 26　下摆收紧的套头衫

开襟衫是用于人体上半身穿着的针织或钩编服装，无论是否有衣袖、翻领或口袋，领形各异。通常下摆、袖口或袖孔以贴边、罗纹或其他方式收紧；可用任何针织或钩编面料制成，包括轻质或细针织物；可带有任何装饰形式，包括花边和刺绣。

对于开襟式的针织服装，若其不符合上衣（品目61.03、61.04）和衬衫（品目61.05、61.06）的款式规定，应考虑归入品目61.10的其他开襟衫（见图27、图28）。

图27　针织开襟衫　　　图28　开襟衫

2.T恤衫、汗衫、背心、套头衫、开襟衫商品示例（见表3-6）

表3-6　T恤衫、汗衫、背心、套头衫、开襟衫商品示例表

中文注释名称	英文原文名称	英文词典释义（仅供参考）	对应第六十一、六十二章品目/子目	图片示例
T恤衫	T-shirts	lightweight knitted or crocheted garments of the vest type, of cotton or man-made fibre not napped, nor of pile or terry fabric, in one or more colours, with or without pockets, with long or short close-fittiing sleeves, without buttons or other fastenings, without collar, without opening in the neckline, having a close-fitting or lower neckling（round, square, boat-shaped or V-shared）, these garments may have decoration, other than lace, in the form of advertising, pictures or an inscription in words, obtained by printing, knitting or other process, the bottom of these garments is usually hemmed	61.09、62.11	

表3-6 续1

中文注释名称	英文原文名称	英文词典释义（仅供参考）	对应第六十一、六十二章品目/子目	图片示例
套头衫	jerseys	a knitted piece of clothing made of wool or cotton for the upper part of the body, with long sleeves and no buttons; a type of sweater	61.10、62.11	
	pullovers	a piece of clothing "pulled over" the head instead of buttoned or zipped-up	61.10、62.11	
开襟衫	cardigans	a knitted jacket made of wool, usually with no collar and fastened with buttons at the front	61.10、62.11	
背心（马甲）	waist-coats	a short piece of clothing with buttons down the front but no sleeves, usually worn over a shirt and under a jacket, often forming part of a man's suit	61.10、62.11	

表3-6 续2

中文注释名称	英文原文名称	英文词典释义（仅供参考）	对应第六十一、六十二章品目/子目	图片示例
背心	vests	a piece of underwear worn under a shirt, etc. next to the skin; a special piece of clothing that covers the upper part of the body	61.09、6207.9、6208.9	
汗衫	singlets	a piece of clothing without sleeves, worn under or instead of a shirt; a similar piece of clothing worn by runners, etc.	61.09、6207.9、6208.9	

3. 排他条款

（1）品目61.09不包含：

①带有束带、螺纹腰带或其他方式下摆收紧的服装；

②品目61.05的男衬衣；

③品目61.06的女式罩衫及仿男式女衬衫。

（2）品目61.10不包含：

①与品目61.03或61.04的男女式西服套装配套并一起报验的马甲（西服背心）；

②归入品目61.01、61.02的有胎料背心。

4. T恤衫、汗衫、背心、套头衫、开襟衫归类思维导图

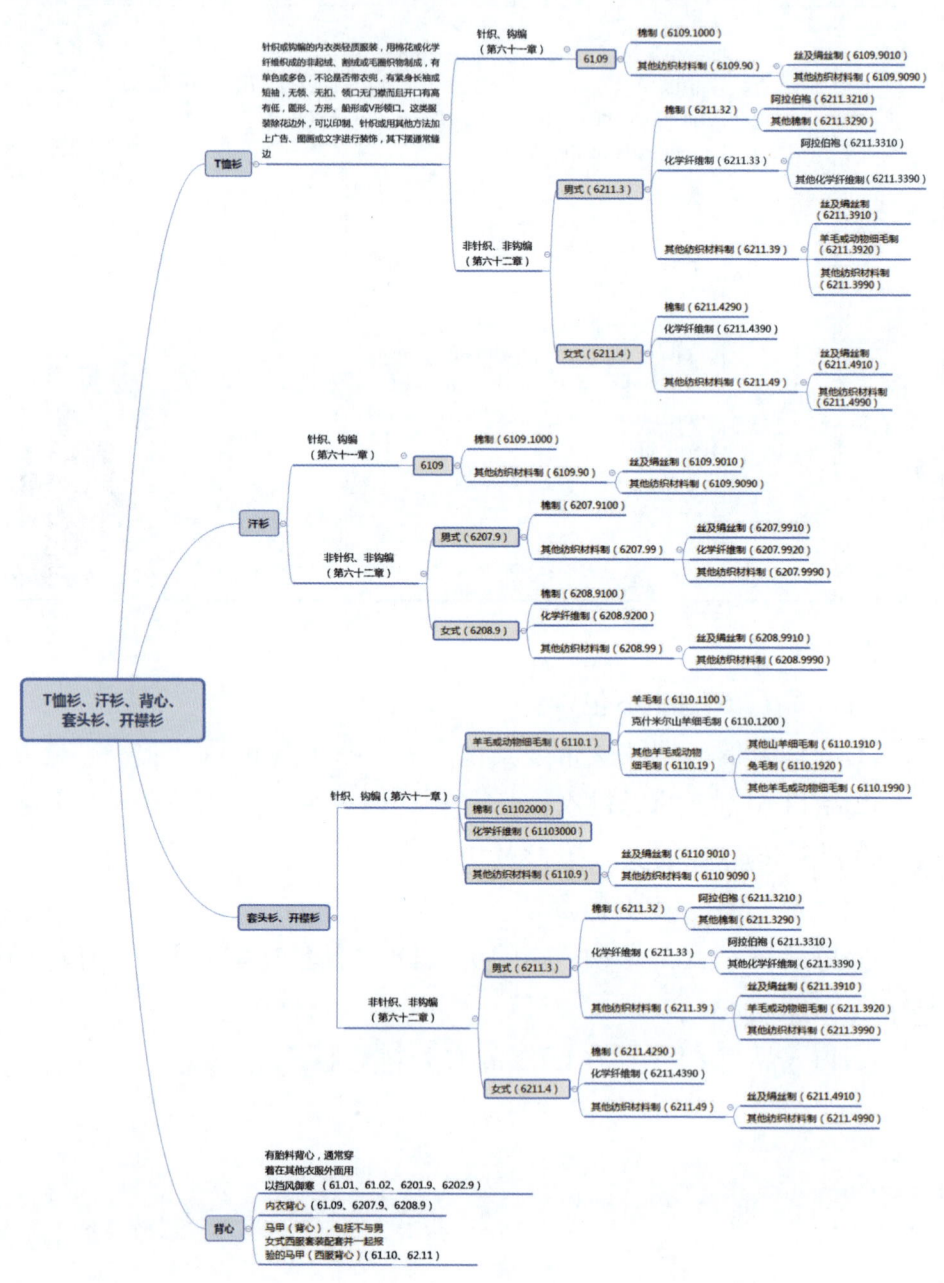

T恤衫、汗衫、背心、套头衫、开襟衫

T恤衫
针织或钩编的内衣类轻质服装，用棉、花或化学纤维织成的非起绒、漂白或成毛圈织物制成，有单色或多色，不论是否带衣袖，有紧身长袖或短袖，无领、无扣、领口无门襟而且开口有高有低、圆形、方形、船形或形领口，这类服装除花边外，可以印制、针织或用其他方法加上广告、图画或文字进行装饰，其下摆通常缝边

- 针织、钩编（第六十一章）61.09
  - 棉制（6109.1000）
  - 其他纺织材料制 6109.90
    - 丝及绢丝制（6109.9010）
    - 其他纺织材料制（6109.9090）
- 非针织、非钩编（第六十二章）
  - 男式（6211.3）
    - 棉制（6211.32）
      - 阿拉伯袍（6211.3210）
      - 其他棉制（6211.3290）
    - 化学纤维制（6211.33）
      - 阿拉伯袍（6211.3310）
      - 其他化学纤维制（6211.3390）
    - 其他纺织材料制（6211.39）
      - 丝及绢丝制（6211.3910）
      - 羊毛或动物细毛制（6211.3920）
      - 其他纺织材料制（6211.3990）
  - 女式（6211.4）
    - 棉制（6211.4290）
    - 化学纤维制（6211.4390）
    - 其他纺织材料制（6211.49）
      - 丝及绢丝制（6211.4910）
      - 其他纺织材料制（6211.4990）

汗衫
- 针织、钩编（第六十一章）6109
  - 棉制（6109.1000）
  - 其他纺织材料制 6109.90
    - 丝及绢丝制（6109.9010）
    - 其他纺织材料制（6109.9090）
- 非针织、非钩编（第六十二章）
  - 男式（6207.9）
    - 棉制（6207.9100）
    - 其他纺织材料制 6207.99
      - 丝及绢丝制（6207.9910）
      - 化学纤维制（6207.9920）
      - 其他纺织材料制（6207.9990）
  - 女式（6208.9）
    - 棉制（6208.9100）
    - 化学纤维制（6208.9200）
    - 其他纺织材料制 6208.99
      - 丝及绢丝制（6208.9910）
      - 其他纺织材料制（6208.9990）

套头衫、开襟衫
- 针织、钩编（第六十一章）
  - 羊毛或动物细毛制（6110.1）
    - 羊毛制（6110.1100）
    - 克什米尔山羊细毛制（6110.1200）
    - 其他羊毛或动物细毛制（6110.19）
      - 其他山羊细毛制（6110.1910）
      - 兔毛制（6110.1920）
      - 其他羊毛或动物细毛制（6110.1990）
  - 棉制（61102000）
  - 化学纤维制（61103000）
  - 其他纺织材料制（6110.9）
    - 丝及绢丝制（6110 9010）
    - 其他纺织材料制（6110 9090）
- 非针织、非钩编（第六十二章）
  - 男式（6211.3）
    - 棉制（6211.32）
      - 阿拉伯袍（6211.3210）
      - 其他棉制（6211.3290）
    - 化学纤维制（6211.33）
      - 阿拉伯袍（6211.3310）
      - 其他化学纤维制（6211.3390）
    - 其他纺织材料制（6211.39）
      - 丝及绢丝制（6211.3910）
      - 羊毛或动物细毛制（6211.3920）
      - 其他纺织材料制（6211.3990）
  - 女式（6211.4）
    - 棉制（6211.4290）
    - 化学纤维制（6211.4390）
    - 其他纺织材料制（6211.49）
      - 丝及绢丝制（6211.4910）
      - 其他纺织材料制（6211.4990）

背心
- 有衬料背心，通常穿着在其他衣服外面用以挡风御寒（61.01、61.02、6201.9、6202.9）
- 内衣背心（61.09、6207.9、6208.9）
- 马甲（背心），包括不与男女式西服套装配套并一起报验的马甲（西装背心）（61.10、62.11）

3.4.6 套装、运动服、游泳服、滑雪服（子目 6103.1、6104.1、6203.1、6204.1、6103.2、6104.2、6203.2、6204.2；品目 61.12、62.11）

1. 套装、运动服、游泳服、滑雪服的基本概念

（1）西服套装（子目 6103.1、6104.1、6203.1、6204.1）

在商品归类中，西服套装是指子目 6103.1、6104.1、6203.1、6204.1 所指的套装。其中子目 6103.1、6104.1 是以针织或钩编物作面料，子目 6203.1、6204.1 是以机织物作面料。

西服套装，是指面料用相同的织物制成的两件套或三件套的下列成套服装：

①一件人体上半身穿着的外套或短上衣，除袖子外，其面料应由四片或四片以上组成；也可附带一件马甲（西服背心），这件马甲（西服背心）的前片面料应与套装其他各件的面料相同，后片面料则应与外套或短上衣的衬里料相同；以及

②一件人体下半身穿着的服装，即不带背带或护胸的长裤、马裤、短裤（游泳裤除外）、裙子或裙裤。

西服套装各件面料质地、颜色及构成必须相同，其款式也必须相同，尺寸大小还须相互般配，但可以用不同织物滚边（在缝口上缝入长条织物）。

构成西服套装的外套面料"片"（至少前后身各两片）必须纵向缝合。所称"片"，不包括袖子、贴边或领子的布料。

如果数件人体下半身穿着的服装同时报验（例如，两条长裤、长裤与短裤、裙子或裙裤与长裤），构成西服套装下装的应是一条长裤，而对于女式西服套装，应是裙子或裙裤，其他服装应分别归类。即西服套装可由两件上装（其中一件为西服背心）、一件下装组成（见图 29）。

图 29　西服套装

所称"西服套装",包括不论是否完全符合上述条件的下列配套服装:

①常礼服,由一件后襟下垂并下端开圆弧形叉的素色短上衣和一条条纹长裤组成;

②晚礼服(燕尾服),一般用黑色织物制成,上衣前襟较短且不闭合,背后有燕尾;

③无燕尾套装夜礼服,其中上衣款式与普通上衣相似(可以更为显露衬衣前胸),但有光滑丝质或仿丝质的翻领。

(2)便服套装(子目6103.2、6104.2、6203.2、6204.2)

在商品归类中,便服套装是指子目6103.2、6104.2、6203.2、6204.2所指的套装。其中子目6103.2、6104.2是以针织或钩编物作面料,子目6203.2、6204.2是以机织物作面料。

便服套装,是指面料相同并作零售包装的下列成套服装:

①一件人体上半身穿着的服装(但第六十一章的套头衫及背心和第六十二章的背心除外,因为套头衫可在两件套服装中作为内衣,背心也可作为内衣);以及

②一件或两件不同的人体下半身穿着的服装,即长裤、护胸背带工装裤、马裤、短裤(游泳裤除外)、裙子或裙裤。

便服套装各件面料质地、款式、颜色及构成必须相同,尺寸大小也须相互般配。

便服套装可有一件上装、二件下装(二件必须不同)。例如一件上装、一条裙子、一条长裤,则视为套装(见图30)。如果是一

件上装和两条长裤，则取一条长裤为套装，其余一条长裤单独归类（见图31）。

图 30　便服套装

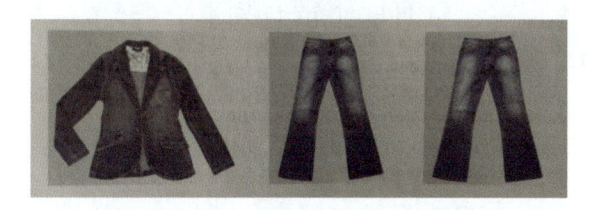

图 31　便服套装外加一条长裤

（3）运动服（子目6112.1、6211.3、6211.4）

运动服又称体育服或竞技服，是运动、练习、比赛时穿着的衣裤。品目61.14、62.11包括某些运动、舞蹈或体操所需穿着的特种衣着（例如击剑服、骑师绸服、芭蕾舞裙、舞蹈练功紧身衣）。在商品归类中，运动服是指子目6112.1、6211.3、6211.4所指的服装。其中子目6112.1是以针织或钩编物作面料，子目6211.3、6211.4是以机织物作面料。

运动服为两件套，这类服装的整个外观及织物特征清楚表明是专门或主要在进行运动时穿着的（见图32）。构成要求：

图 32　运动服

①一件上装。一件到腰或稍微过腰的长袖上衣，袖口处以罗纹带或松紧带、拉链或其他方式收紧，下摆一般也以类似方式或束带收紧，如果前身开襟或半开襟，则一般以拉链闭合。这类服装可带或不带风帽、衣领及口袋。

②一件下装。一条紧身或松身的裤子，不论是否开口袋，裤腰以松紧带、束带或其他方式收紧，腰围处因不开口，故没有纽扣或其他扣紧装置。但裤脚一般长至脚踝，裤脚可以罗纹带或松紧带、拉链或其他方式收紧，带有或不带有脚带。

子目6112.1的运动服无衬里，内表面可以起绒；子目6211.3、6211.4的运动服可以有衬里。

（4）游泳服（子目6112.3、6112.4、6211.1）

在商品归类中，游泳服是指子目6112.3、6112.4、6211.1所指的服装。其中子目6112.3、6112.4是以针织物作面料，子目6211.1是以机织物作面料。

根据品目61.12和62.11对游泳服的规定，游泳服是指单件或两件套游泳衣及游泳裤，不论是否具有弹性。（见图33、图34）

图33 游泳裤　　　图34 两件游泳衣

（5）滑雪服（子目6112.2、6211.2）

在商品归类中，滑雪服是指子目6112.2、6211.2所指的服装。其中子目6112.2是以针织或钩编物作面料，子目6211.2是以机织物作面料。

品目61.12所称"滑雪服"，是指从整个外观和织物质地来看，主要在滑雪（速度滑雪或高山滑雪）时穿着的下列服装或成套服装：

① "滑雪连身服"（见图35），即上下身连在一起的单件服装；除袖子和领子外，滑雪连身服可有口袋或脚带；或

② "滑雪套装"（见图36），即由两件或三件构成一套并作零售包装的下列服装：

图35　滑雪连身服　　　　图36　滑雪套装

A. 一件用一条拉链扣合的带风帽的厚夹克、防风衣、防风短上衣或类似的服装，可以附带一件背心（滑雪背心）；以及

B. 一条不论是否过腰的长裤、一条马裤或一条护胸背带工装裤。

滑雪套装也可由一件类似以上①款所述的连身服和一件可套在连身服外面的有胎料背心组成。

滑雪套装各件颜色可以不同，但面料质地、款式及构成必须相同，尺寸大小也应相互般配。

2. 套装、运动服、游泳服、滑雪服商品示例（见表 3-7）

表 3-7　套装、运动服、游泳服、滑雪服商品示例表

中文注释名称	英文原文名称	英文词典释义（仅供参考）	对应第六十一、六十二章子目	套装规定	图片示例
西服套装	suits	a set of clothes made of the same cloth, including a jacket and trousers/pant or a skirt; a set of clothes worn for a particular activity; a set of garments composed of two or three pieces made up, in respect of their outer surface, in indentical fabric and comprising: one suit coat or jacket the outer shell of which, exclusive of sleeves, consists of four or more panels, designed to cover the upper part of the body, possibly with a tailored waistcoat in addition whose front is made from the same fabric as the outer surface of the other components of the set and whose back is made form the same fabric as the lining of the suit coat or jacket; and one garment designed to cover the lower part of the body and consisting of trousers, breeches or shorts (other than swimwear), a skirt or a divided skirt, having neither braces nor bibs	6103.1、6104.1、6203.1、6204.1	（面料完全相同，款式相同、尺寸般配）一件西服上衣+一件裤（裙）；一件西服上衣+一件配套马甲+一件裤（裙）；常礼服；晚礼服（燕尾服）；无燕尾套装夜礼服	

表3-7 续1

中文注释名称	英文原文名称	英文词典释义（仅供参考）	对应第六十一、六十二章子目	套装规定	图片示例
便服套装	ensembles	a set of clothes that are worn together; a set of gaments composed of several pieces made up in indentical fabric, put up for retail sale, and comprising: one garment designed to cover the upper part of the body, with the exception of pullovers which may from a second upper garment in the sole context of twin sets, and of waistcoats which may also from a second upper garment; and one or two different garments, designed to cover the lower part of the body and consisting of trousers, bib and brace overalls, breeches, shorts (other than swimwear), a shirt or a divided shirt	6103.2、6104.2、6203.2、6204.2	一件上半身穿着的衣服（套头衫和背心除外）+一件或两件不同的下半身穿着的衣服（衣服裤子面料相同、尺寸相配，同一零售包装）	
运动服	track suits	a worm loose pair of trousers/pants and matching jacket worn for sports practice or as informal clothes	6112.1、6211.3、6211.4	两件套（一件长袖上衣，袖口下摆收紧；一般为长至脚踝的裤子，裤腰收紧，裤脚收紧）无衬里（品目62.11的运动服可以有衬里）	

表3-7 续2

中文注释名称	英文原文名称	英文词典释义（仅供参考）	对应第六十一、六十二章子目	套装规定	图片示例
游泳服	swimwear	clothing that you wear for swimming	6112.3、6112.4、6211.1	单件或两件套均可，无论是否有弹性	
滑雪服	ski suits	a ski suit is a suit made to be worn over the rest of the clothes when skiing or snow boarding	6112.2、6211.2	连身服；连身服+有胎料背心；带风帽的厚夹克、防风衣、防风短上衣（可附带背心）+一条长裤、马裤、护胸背带工装裤	

3. 排他条款

（1）西服套装及品目61.07、61.08、62.07、62.08或61.09的服装。

（2）品目62.11和61.12的运动服及滑雪服。

4. 注释中的名词解释

第六十一章注释三（一）所称"相同的织物"，是指同一幅的同样织物，该织物必须是：

（1）相同质地，即它必须是采用同样的夹纱结合工艺（同样的线圈规格）制得，织物所用纱线的结构及规格（例如，分特数）也必须相同；

（2）相同颜色（甚至连颜色的深浅和布局都得相同），包括色织布和印花布；

（3）相同构成，即所用的纺织材料的比例（例如，按重量计羊毛含量为 100%、合成纤维含量 51% 或含棉量 49%）必须相同。

5. 套装、运动服、游泳服、滑雪服归类思维导图

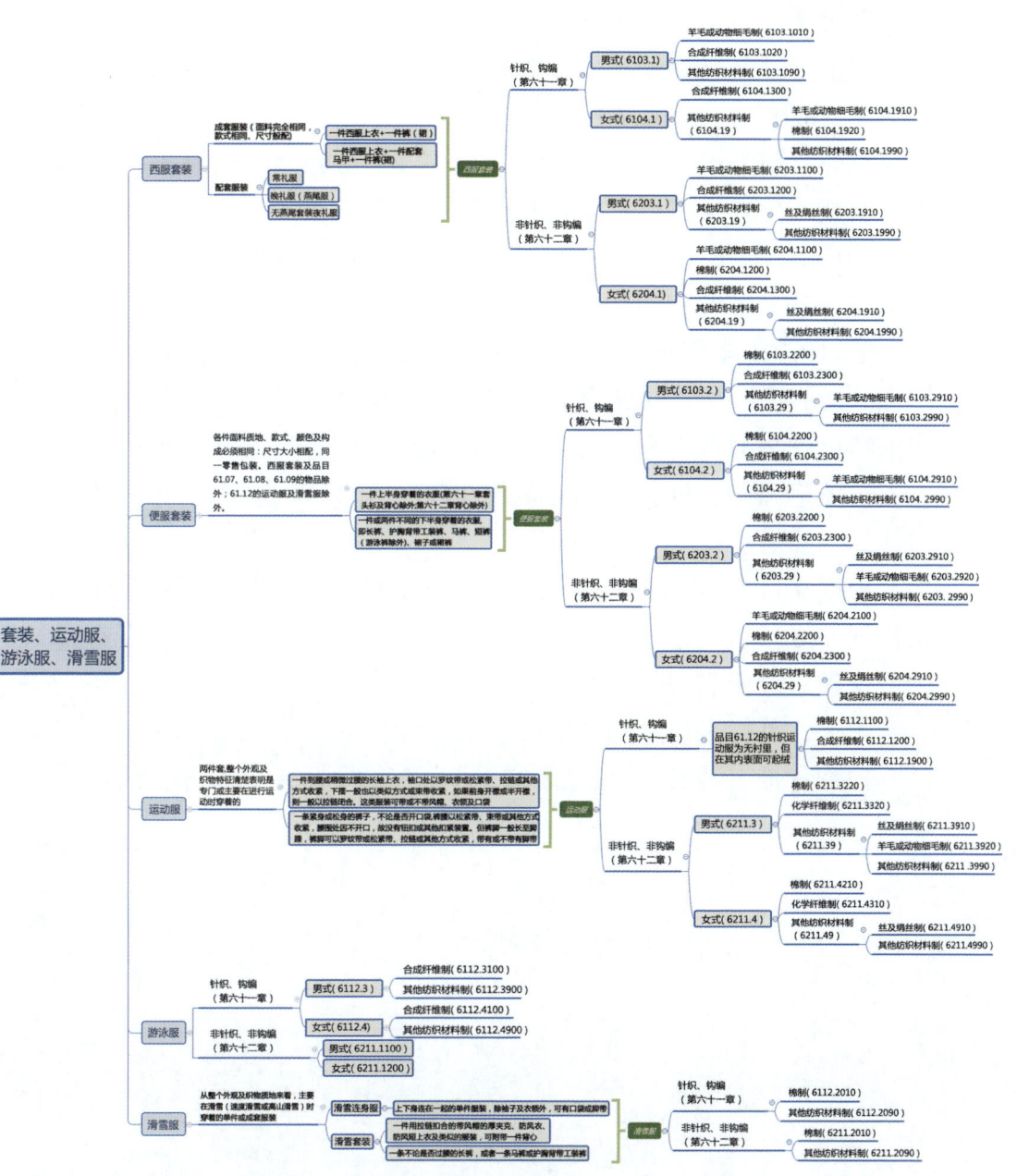

套装、运动服、游泳服、滑雪服

西服套装

- 成套服装（面料完全相同，款式相同，尺寸般配）
  - 一件西服上衣+一件裤（裙）
  - 一件西服上衣+一件配套马甲+一件裤(裙)
- 配套服装
  - 常礼服
  - 晚礼服（燕尾服）
  - 无燕尾服套装夜礼服

西服套装

- 针织、钩编（第六十一章）
  - 男式（6103.1）
    - 羊毛或动物细毛制（6103.1010）
    - 合成纤维制（6103.1020）
    - 其他纺织材料制（6103.1090）
  - 女式（6104.1）
    - 合成纤维制（6104.1300）
    - 羊毛或动物细毛制（6104.1910）
    - 棉制（6104.1920）
    - 其他纺织材料制（6104.1990）
- 非针织、非钩编（第六十二章）
  - 男式（6203.1）
    - 羊毛或动物细毛制（6203.1100）
    - 合成纤维制（6203.1200）
    - 其他纺织材料制（6203.19）
    - 丝及绢丝制（6203.1910）
    - 其他纺织材料制（6203.1990）
  - 女式（6204.1）
    - 羊毛或动物细毛制（6204.1100）
    - 棉制（6204.1200）
    - 合成纤维制（6204.1300）
    - 其他纺织材料制（6204.19）
    - 丝及绢丝制（6204.1910）
    - 其他纺织材料制（6204.1990）

便服套装

- 各件面料质地、款式、颜色及构成必须相同；尺寸大小相配。同一零售包装。西服套装及品目 61.07、61.08、61.09 的物品除外；61.12 的运动服及滑雪服除外。
  - 一件上半身穿着的衣服（第六十一章套头衫及背心除外；第六十二章背心除外）
  - 一件或两件不同的下半身穿着的衣服，即长裤、护胸背带工装裤、马裤、短裤（游泳裤除外）、裙子或裙裤

便服套装

- 针织、钩编（第六十一章）
  - 男式（6103.2）
    - 棉制（6103.2200）
    - 合成纤维制（6103.2300）
    - 其他纺织材料制（6103.29）
      - 羊毛或动物细毛制（6103.2910）
      - 其他纺织材料制（6103.2990）
  - 女式（6104.2）
    - 棉制（6104.2200）
    - 合成纤维制（6104.2300）
    - 其他纺织材料制（6104.29）
      - 羊毛或动物细毛制（6104.2910）
      - 其他纺织材料制（6104.2990）
- 非针织、非钩编（第六十二章）
  - 男式（6203.2）
    - 棉制（6203.2200）
    - 合成纤维制（6203.2300）
    - 其他纺织材料制（6203.29）
      - 丝及绢丝制（6203.2910）
      - 羊毛或动物细毛制（6203.2920）
      - 其他纺织材料制（6203.2990）
  - 女式（6204.2）
    - 羊毛或动物细毛制（6204.2100）
    - 棉制（6204.2200）
    - 合成纤维制（6204.2300）
    - 其他纺织材料制（6204.29）
      - 丝及绢丝制（6204.2910）
      - 其他纺织材料制（6204.2990）

运动服

- 两件套，整个外观及织物特征清楚表明是专门或主要是进行运动时穿着的
  - 一件制服或稍过膝的长袖上衣，袖口处以罗纹带或松紧带、拉链或其他方式收紧，下摆一般也以卷扣方式或带子收紧，如需前身开襟，一般一般以拉链闭合。这类服装可带或不带风帽、衣领及口袋
  - 一条长裤或松身的裤子，不论是否开口袋，腰部以松紧带、束带或其他方式收紧，腰部或臀部以拉链收紧，不论有纽扣或其他装置，一般长至脚踝，裤脚可以罗纹带或松紧带、拉链或其他方式收紧，带或不带有脚带

运动服

- 针织、钩编（第六十一章）
  - 品目 61.12 的针织运动服为无衬里，但在其内表面可以起绒
    - 棉制（6112.1100）
    - 合成纤维制（6112.1200）
    - 其他纺织材料制（6112.1900）
- 非针织、非钩编（第六十二章）
  - 男式（6211.3）
    - 棉制（6211.3220）
    - 化学纤维制（6211.3320）
    - 其他纺织材料制（6211.39）
      - 丝及绢丝制（6211.3910）
      - 羊毛或动物细毛制（6211.3920）
      - 其他纺织材料制（6211.3990）
  - 女式（6211.4）
    - 棉制（6211.4210）
    - 化学纤维制（6211.4310）
    - 其他纺织材料制（6211.49）
      - 丝及绢丝制（6211.4910）
      - 其他纺织材料制（6211.4990）

游泳服

- 针织、钩编（第六十一章）
  - 男式（6112.3）
    - 合成纤维制（6112.3100）
    - 其他纺织材料制（6112.3900）
  - 女式（6112.4）
    - 合成纤维制（6112.4100）
    - 其他纺织材料制（6112.4900）
- 非针织、非钩编（第六十二章）
  - 男式（6211.1100）
  - 女式（6211.1200）

滑雪服

- 从整个外观及织物质地来看，主要是在滑雪（涑降滑雪或高山滑雪）时穿着的单件或成套服装
  - 滑雪连身服
  - 滑雪套装
    - 上下身连在一起的单件服装，除袖子及衣领外，可有口袋或脚带
    - 一件用拉链扣合的带风帽的厚夹克，防风衣、防风衫、防风短上衣及类似的夹克，可附带一件背心
    - 一条不论是否过膝的长裤，或者一条马裤或护胸背带工装裤

滑雪服

- 针织、钩编（第六十一章）
  - 棉制（6112.2010）
  - 其他纺织材料制（6112.2090）
- 非针织、非钩编（第六十二章）
  - 棉制（6211.2010）
  - 其他纺织材料制（6211.2090）

3.4.7 长裤、护胸背带工装裤、马裤及短裤、男装内裤及三角裤、女三角裤及短衬裤（子目 6103.4、6104.6、6203.4、6204.6、6107.1、6108.2、6207.1、6208.9）

1. 长裤、护胸背带工装裤、马裤及短裤、男装内裤及三角裤、女三角裤及短衬裤的基本概念

（1）长裤、护胸背带工装裤、马裤及短裤（子目 6103.4、6104.6、6203.4、6204.6）

在商品归类中，子目 6103.4、6104.6、6203.4、6204.6 所指的裤类服装均为外穿类裤子（包括长裤、护胸背带工装裤、马裤及短裤）。其中子目 6103.4、6104.6 是以针织或钩编物作面料，子目 6203.4、6204.6 是以机织物作面料。

子目 6203.4 所列的阿拉伯裤，英文可称为"harem pants"或"genie pants"，中文也可称为灯笼裤、哈伦裤、袋鼠裤等。这款裤子的特色就是上宽下窄。通常开裆非常低，几乎在裤脚之上 20 厘米左右，不仅肥大，而且长及脚踝以下，看起来介于裙子和裤子之间。

根据品目 61.03、61.04、62.03、62.04 条文注释，长裤是指两条裤腿一般长至或超过脚踝的服装；该服装一般穿至腰部。带有背带的这类服装仍应视为具有长裤的基本特征。

短裤，是指未过膝的裤子。

护胸背带工装裤，是指图 37 所示类型的服装及未过膝的类似服装。

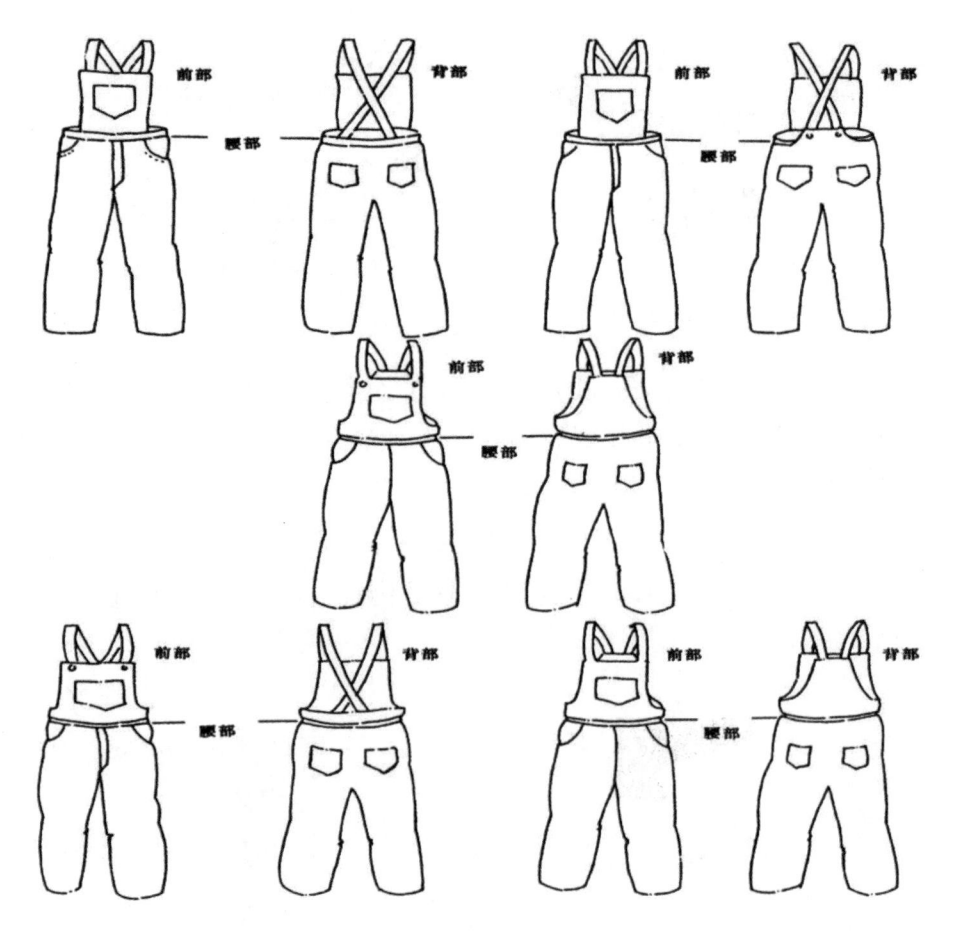

图37 护胸背带工装裤

（2）男装内裤及三角裤、女三角裤及短衬裤（子目6107.1、6108.2、6207.1、6208.9）

在商品归类中，子目6107.1、6108.2、6207.1、6208.9所指的裤类服装均为内穿类裤子（包括内裤、三角裤、短衬裤及其类似品）。其中子目6107.1、6108.2是以针织或钩编物作面料，子目6207.1、6208.9是以机织物作面料。

三角裤是贴身短内裤，一种是裤腰线低于肚脐的比基尼三角裤（见图38），另一种是裤腰线高于肚脐的普通三角裤（见图39）。三角裤多选用吸湿透气而有弹性的纯棉针织物缝制。

图 38　比基尼三角裤 　　　　图 39　普通三角裤

衬裤（见图 40、图 41）是起保暖及衬托、装饰作用的内裤。常见的衬裤有：长及小腿或踝部的紧贴型长衬裤；裤脚装松紧带的灯笼型衬裤；衬裤与衬裙合成的，裤脚呈展开状的裙型衬裤；裤腿宽松，裤腰为松紧式的衬裤。衬裤的用料，夏季多选用薄型的真丝或棉织物，冬季则选用稍厚的棉、毛织物。有的衬裤裤脚还装饰有花边。

图 40　短衬裤 　　　　图 41　长衬裤

2. 长裤、护胸背带工装裤、马裤及短裤、男装内裤及三角裤、女三角裤及短衬裤商品示例（见表3-8）

表3-8 长裤、护胸背带工装裤、马裤及短裤、男装内裤及三角裤、女三角裤及短衬裤商品示例表

中文注释名称	英文原文名称	英文词典释义（仅供参考）	对应第六十一、六十二章子目	图片示例
长裤	trousers	garments which envelop each leg separately, covering the knees and usually reaching down to or below the ankles; these garments usually stop at the waist; the presence of braces does not these garments to lose the essentail character of trousers	6103.4、6104.6、6203.4、6204.6	
护胸背带工装裤	bib and brace overalls	a work garment consisting of trousers and an upper front part supported by straps over the shoulders		
马裤	breeches	short trousers/pants fastened just below the knee		
短裤	shorts	short trousers/pants that end above or at the knee		

表3-8 续

中文注释名称	英文原文名称	英文词典释义（仅供参考）	对应第六十一、六十二章子目	图片示例
男装内裤	underpants	a piece of men's underwear worn under their trousers/pants	6107.1、6108.2、6207.1、6208.9	
三角裤	briefs	men's underpants or women's knickers		
短衬裤	panties	panties are short, close-fitting underpants worn by women or girls		

3. 注释中部分易混淆的名词解释

（1）内裤（underpants）：一般指男式，从腰部或臀部到大腿或膝盖的顶部，通常紧挨着皮肤穿。

（2）三角裤（briefs）：三角裤有各种不同的风格，男女都穿。男式三角裤是一种短的紧身内衣，而不是那种长度延伸到腿上的款式。女式三角裤指一种女式和女童式的内裤，还可以指女舞者和女运动员在诸如啦啦队、花样滑冰和网球等运动项目中穿在短裙下面的三角裤；可以附在裙子或礼服上，也可以单独存在。

（3）短衬裤（panties）：短衬裤是一种专为女性设计的内衣。短衬裤通常是合身的，但也可以是宽松的。短衬裤最初的设计是为了遮盖女性躯干的整个下半部分，但随着时间的推移，这种短衬裤设计得越来越短。

4. 长裤、护胸背带工装裤、马裤及短裤、男装内裤及三角裤、女三角裤及短衬裤归类思维导图

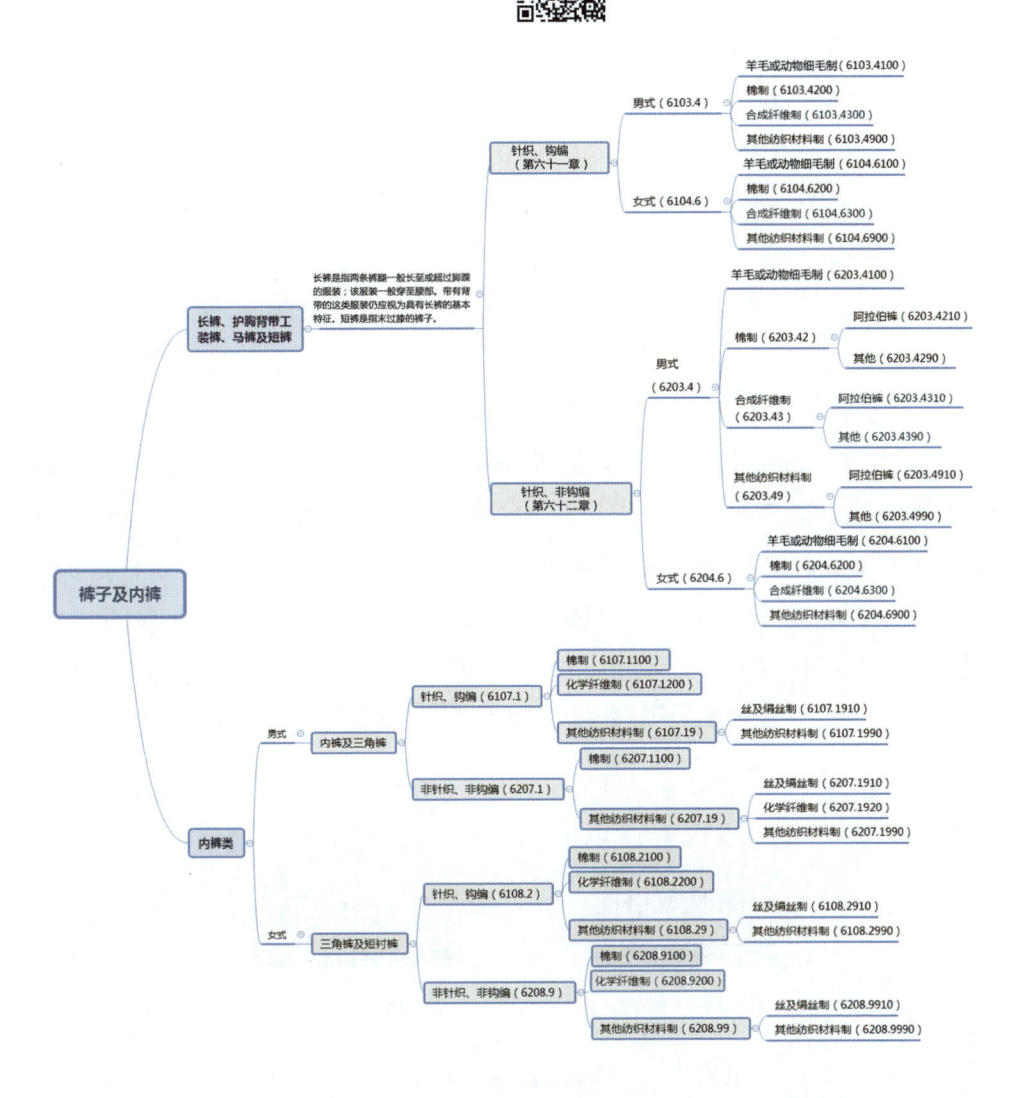

```
裤子及内裤
├── 长裤、护胸背带工装裤、马裤及短裤
│   （长裤是指两条裤腿一般长至或超过膝部的服装；该服装一般穿至腰部，带有背带的这类服装仍应视为具有长裤的基本特征。短裤是指未过膝的裤子。）
│   ├── 针织、钩编（第六十一章）
│   │   ├── 男式（6103.4）
│   │   │   ├── 羊毛或动物细毛制（6103.4100）
│   │   │   ├── 棉制（6103.4200）
│   │   │   ├── 合成纤维制（6103.4300）
│   │   │   └── 其他纺织材料制（6103.4900）
│   │   └── 女式（6104.6）
│   │       ├── 羊毛或动物细毛制（6104.6100）
│   │       ├── 棉制（6104.6200）
│   │       ├── 合成纤维制（6104.6300）
│   │       └── 其他纺织材料制（6104.6900）
│   └── 针织、非钩编（第六十二章）
│       ├── 男式（6203.4）
│       │   ├── 羊毛或动物细毛制（6203.4100）
│       │   ├── 棉制（6203.42）
│       │   │   ├── 阿拉伯裤（6203.4210）
│       │   │   └── 其他（6203.4290）
│       │   ├── 合成纤维制（6203.43）
│       │   │   ├── 阿拉伯裤（6203.4310）
│       │   │   └── 其他（6203.4390）
│       │   └── 其他纺织材料制（6203.49）
│       │       ├── 阿拉伯裤（6203.4910）
│       │       └── 其他（6203.4990）
│       └── 女式（6204.6）
│           ├── 羊毛或动物细毛制（6204.6100）
│           ├── 棉制（6204.6200）
│           ├── 合成纤维制（6204.6300）
│           └── 其他纺织材料制（6204.6900）
└── 内裤类
    ├── 男式
    │   └── 内裤及三角裤
    │       ├── 针织、钩编（6107.1）
    │       │   ├── 棉制（6107.1100）
    │       │   ├── 化学纤维制（6107.1200）
    │       │   └── 其他纺织材料制（6107.19）
    │       │       ├── 丝及绢丝制（6107.1910）
    │       │       └── 其他纺织材料制（6107.1990）
    │       └── 非针织、非钩编（6207.1）
    │           ├── 棉制（6207.1100）
    │           └── 其他纺织材料制（6207.19）
    │               ├── 丝及绢丝制（6207.1910）
    │               ├── 化学纤维制（6207.1920）
    │               └── 其他纺织材料制（6207.1990）
    └── 女式
        └── 三角裤及短衬裤
            ├── 针织、钩编（6108.2）
            │   ├── 棉制（6108.2100）
            │   ├── 化学纤维制（6108.2200）
            │   └── 其他纺织材料制（6108.29）
            │       ├── 丝及绢丝制（6108.2910）
            │       └── 其他纺织材料制（6108.2990）
            └── 非针织、非钩编（6208.9）
                ├── 棉制（6208.9100）
                ├── 化学纤维制（6208.9200）
                └── 其他纺织材料制（6208.99）
                    ├── 丝及绢丝制（6208.9910）
                    └── 其他纺织材料制（6208.9990）
```

3.4.8 连衣裙、裙子及裙裤、长衬裙及衬裙（子目 6104.4、6104.5、6204.4、6204.5、6108.1、6208.1）

1. 连衣裙、裙子及裙裤、长衬裙及衬裙的基本概念

（1）连衣裙（子目 6104.4、6204.4）

在商品归类中，连衣裙是指子目 6104.4、6204.4 所指的裙子。其中子目 6104.4 是以针织或钩编物作面料，子目 6204.4 是以机织物作面料。

连衣裙是衣裙连为一体的服装。通常用于遮盖全身，可从肩部长及膝盖或以下，除内衣外，穿着连衣裙时无须同时穿着其他服装。根据连衣裙的领、袖、襟、摆及腰节等部位的变化，可分为背心式、衬衫式、披肩式和大衣式等多种式样。若上衣、衬衫、背心（见图 42）、T 恤衫（见图 43）、套头衫等的长度超过一定尺寸，一般可作为连衣裙归类。当这类服装的上部是由背带和前护胸或前后护胸组成时，只有当它的规格、剪裁及所述护胸位置使其具备了上述特征后，才能作为连衣裙归类。否则，应作为半身裙归类。

图 42　长背心 　　图 43　长 T 恤衫

（2）裙子及裙裤（子目 6104.5、6204.5）

在商品归类中，裙子及裙裤是指子目 6104.5、6204.5 所指的裙式服装。通常，这类服装用于遮盖人体下半身，可从腰部长及膝盖或膝盖以下，并需与上衣同时穿着。其中子目 6104.5 是以针织或钩编物作面料，子目 6204.5 是以机织物作面料。

当这类服装有背带时，仍可作为上述品目的裙子归类（本品目

所述裙子即半身裙）。除背带外，当这类服装在前胸或后背有护胸时，只要护胸的规格、剪裁和位置不足以使该类服装单独穿着，仍按裙子归类。

裙裤裤脚展宽，外观似裙。与一般裤子相比，裙裤的臀围、立裆、横裆都要适当加大，以保持裙形特点。裙裤具有与裙子相同的特征，但前者两腿分开呈裤状。与长裤或短裤相比，裙裤的剪裁及宽度使其在穿着时具有裙子的外观特征（见图44）。

图44　裙裤

（3）长衬裙及衬裙（子目6108.1、6208.1）

在商品归类中，长衬裙及衬裙是指子目6108.1、6208.1所指的裙子。其中子目6108.1是以针织或钩编物作面料，子目6208.1是以机织物作面料。

衬裙是穿于长裙内的装饰性内裙，比外裙略短，裙脚和胸部通常采用花边和刺绣等装饰，以衬托外裙（见图45、图46）。衬裙用料宜选择丝绸和较薄的化纤织物，多为浅色。

图45　衬裙1 　　**图46　衬裙2**

2. 连衣裙、裙子及裙裤、长衬裙及衬裙商品示例（见表3-9）

表3-9 连衣裙、裙子及裙裤、长衬裙及衬裙商品示例表

中文注释名称	英文原文名称	英文词典释义（仅供参考）	对应第六十一、六十二章子目	图片示例
连衣裙	dresses	a piece of clothing worn by a woman or girl, it covers her body and part of her legs	6104.4、6204.4	
裙子	skirts	a piece of clothing for a woman or girl that hangs from the waist	6104.5、6204.5	
裙裤	divided skirts	culottes		
长衬裙	slips	a piece of women's underwear like a thin dress or skirt, worn under a dress	6108.1、6208.1	
衬裙	petticoats	a piece of clothing like a thin skirt that is worn under a skirt or dress		

3. 连衣裙、裙子及裙裤、长衬裙及衬裙归类思维导图

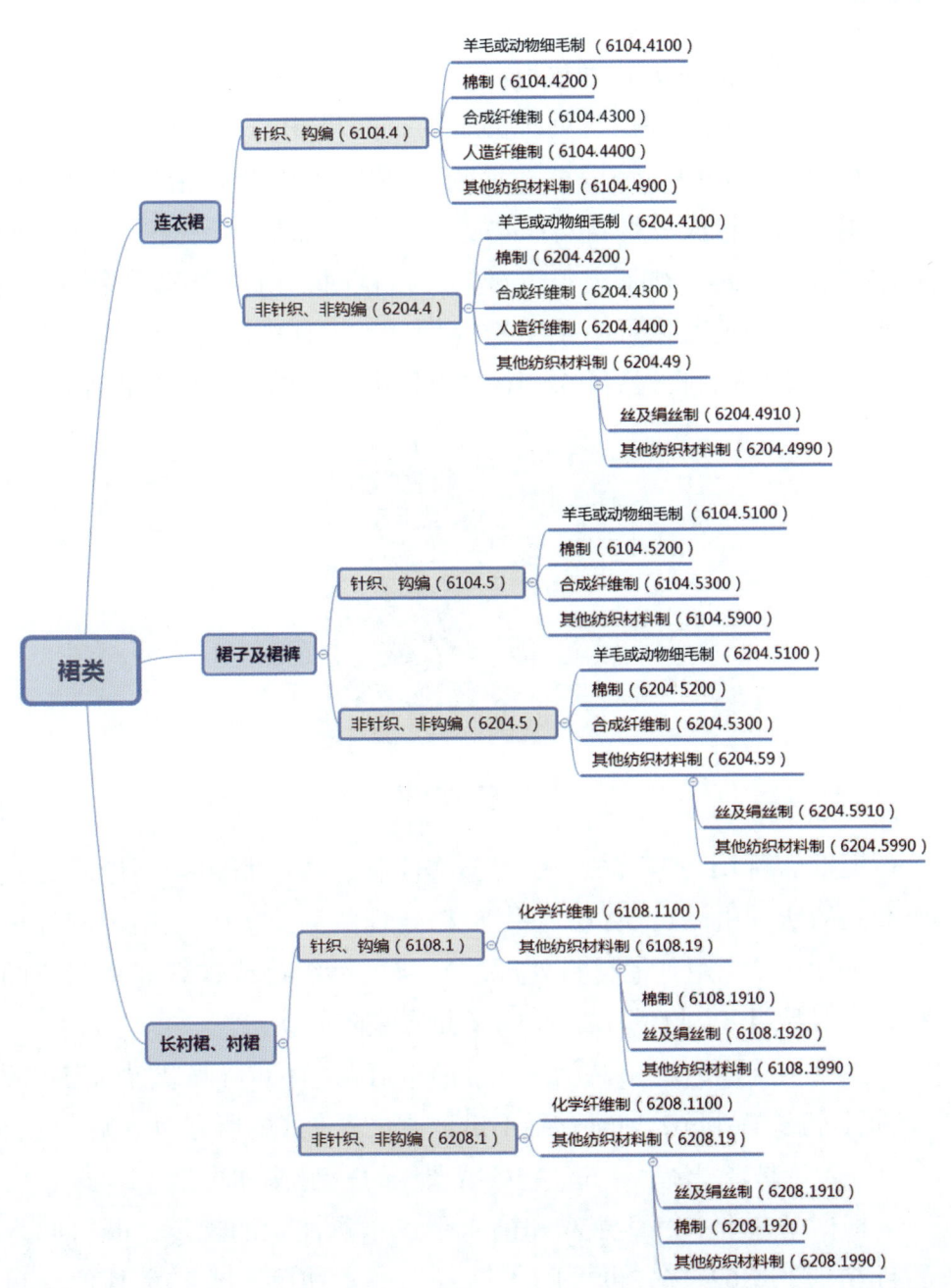

```
裙类
├── 连衣裙
│   ├── 针织、钩编（6104.4）
│   │   ├── 羊毛或动物细毛制（6104.4100）
│   │   ├── 棉制（6104.4200）
│   │   ├── 合成纤维制（6104.4300）
│   │   ├── 人造纤维制（6104.4400）
│   │   └── 其他纺织材料制（6104.4900）
│   └── 非针织、非钩编（6204.4）
│       ├── 羊毛或动物细毛制（6204.4100）
│       ├── 棉制（6204.4200）
│       ├── 合成纤维制（6204.4300）
│       ├── 人造纤维制（6204.4400）
│       └── 其他纺织材料制（6204.49）
│           ├── 丝及绢丝制（6204.4910）
│           └── 其他纺织材料制（6204.4990）
├── 裙子及裙裤
│   ├── 针织、钩编（6104.5）
│   │   ├── 羊毛或动物细毛制（6104.5100）
│   │   ├── 棉制（6104.5200）
│   │   ├── 合成纤维制（6104.5300）
│   │   └── 其他纺织材料制（6104.5900）
│   └── 非针织、非钩编（6204.5）
│       ├── 羊毛或动物细毛制（6204.5100）
│       ├── 棉制（6204.5200）
│       ├── 合成纤维制（6204.5300）
│       └── 其他纺织材料制（6204.59）
│           ├── 丝及绢丝制（6204.5910）
│           └── 其他纺织材料制（6204.5990）
└── 长衬裙、衬裙
    ├── 针织、钩编（6108.1）
    │   ├── 化学纤维制（6108.1100）
    │   └── 其他纺织材料制（6108.19）
    │       ├── 棉制（6108.1910）
    │       ├── 丝及绢丝制（6108.1920）
    │       └── 其他纺织材料制（6108.1990）
    └── 非针织、非钩编（6208.1）
        ├── 化学纤维制（6208.1100）
        └── 其他纺织材料制（6208.19）
            ├── 丝及绢丝制（6208.1910）
            ├── 棉制（6208.1920）
            └── 其他纺织材料制（6208.1990）
```

3.4.9 其他类服装（品目 61.11、61.13、61.14、62.09、62.10、62.11）

1. 其他类服装的基本概念

（1）经浸渍、涂层等处理的服装（品目 61.13、62.10）

在商品归类中，经浸渍、涂层等处理的服装是指以织物为基料，用塑料、橡胶等材料对织物进行浸渍、涂层、包覆等处理后而制成的服装。其必须是肉眼可辨的，辨认时，由于浸渍、涂层、包覆所引起的颜色变化可不予考虑（图47）。其中品目61.13是以针织或钩编物作面料，品目62.10是以毡呢、无纺布或机织物作面料。

图47　雨衣

根据品目61.13和62.10的条文注释，本品目包括不论是男式或女式的所有用品目59.03（用塑料处理的）、59.06（用橡胶处理的）或59.07（用其他材料处理的）所列针织物或钩编织物制成的服装，但品目61.11和62.09的婴儿服装除外。

品目61.13和62.10包括雨衣、油布雨衣、不带呼吸装置的潜水服及防辐射服。品目62.10还包括不论是男式或女式的所有用毡呢或无纺织物（不论是否浸渍、涂布、包覆或层压的）制成的服装。

根据第六十一章章注八和第六十二章章注六的规定，既可归入品目61.13或62.10，也可归入第六十一章和第六十二章其他品目的服装，除品目61.11和62.09（婴儿服装）所列的仍归入该品目外，其余的应一律归入品目 61.13 或 62.10。

（2）婴儿服装（品目 61.11 和 62.09）

在商品归类中，婴儿服装是指品目 61.11、62.09 所指的服装。其中品目 61.11 是以针织或钩编织物作面料，品目 62.09 是以机织物作面料。

所称"婴儿服装"，指身高不超过 86 厘米的幼儿穿着的衣物（见图 48）。包括游戏服、小丑服、背心连裤童装外衣、婴儿围涎、分指手套、连指手套、露指手套、紧身衣裤及没有用粘、缝或其他方法将外底固定在鞋面上的婴儿连袜鞋。

图 48 婴儿服装

必须注意，既可归入品目 61.11 或 62.09，也可归入第六十一章和第六十二章其他品目的物品，应归入品目 61.11 或 62.09。

（3）其他服装（品目 61.14、62.11）

在商品归类中，其他服装是指品目 61.14、62.11 所指的其他品目未列明的服装。其中品目 61.14 是以针织或钩编物作面料，品目 62.11 是以机织物作面料。主要包括：

①围裙、连身工作服、工作罩服及技工、工人或外科医生等穿着的其他防护性衣服；

②教士或牧师的服装（例如，僧侣袍、黑色法衣、带风兜教士法衣、天主教士服、白色宽袖法衣）；

③专职人员或学者穿着的袍服；

④飞行员穿着的特种服装（例如，飞行员电热服）；

⑤某些运动、舞蹈或体操所需穿着的特殊衣着（例如，击剑服、骑师绸服、芭蕾舞裙、舞蹈练功紧身衣），无论是否附带有保护配件，例如肘部、膝部或腹股沟部位的保护垫或填充物。

品目62.11不同于品目61.14，它还包括单独报验的非针织或非钩编的马甲（西服背心）。

其中，骑师绸服是指骑师穿着的白色的马裤和围兜、高筒袜或领结。骑师第一次比赛时穿上丝绸裤子被当作一种仪式。过去，人们总是选择用轻薄的丝绸来制作绸服，现在更多用的是合成材料。丝绸及其颜色象征忠诚和节日。

飞行员电热服是起源于第一次世界大战、成名于第二次世界大战的战斗机飞行作战服，可以提高飞行员在高空低温环境下的舒适度，从而更好地控制飞机和弹药发射装置。

技工、工人或外科医生等穿着的其他防护性衣服如图49、图50、图51所示。

图49　防护性衣服1　　　图50　防护性衣服2　　　图51　防护性衣服3

2. 其他类服装商品示例（见表3-10）

表3-10 其他类服装商品示例表

中文注释名称	中文名称	英文原文名称	英文词典释义（仅供参考）	对应第六十一、六十二章品目	图片示例
经浸渍、涂层等处理的服装（塑料浸渍、涂布、包覆、层压；用橡胶处理的纺织物；用其他材料浸渍、涂布、包覆的纺织物）或用毡呢、无纺织物制成的服装	雨衣	raincoats	a long light coat that keeps you dry in the rain	61.13、62.10	
	油布雨衣	oilskins	a type of cotton cloth that has had oil put on it in a special process so that water cannot pass through it, used for making waterproof clothing	61.13、62.10	
	不带呼吸装置的潜水服	divers' suits		61.13、62.10	
	防辐射服	anti-radiation		61.13、62.11	
	毡呢、无纺织物制成的服装	garmants made up of felt or nonwovens		62.10	

表3-10 续表1

中文注释名称	中文名称	英文原文名称	英文词典释义（仅供参考）	对应第六十一、六十二章品目	图片示例
婴儿服装	身高不超过86厘米的幼儿穿着的衣物		for young children of a body height not exceeding 86cm	61.11、62.09	
其他服装	围裙	apron	a piece of clothing worn over the front of the body, from the chest or the waist down, and tied around the waist, worn over other clothes to keep them clean, for example when cooking	61.14	
	连身工作服	boiler suit (coveralls)	a piece of clothing like trousers/pants and a jacket in one piece, worn for doing dirty work		
	工作罩服	smock	a loose comfortable piece of clothing like a long shirt, worn especially by women		
	防护服		protective clothing of a kind worn by mechanics, factory worker, surgeon		

表3-10 续表2

中文注释名称	中文名称	英文原文名称	英文词典释义（仅供参考）	对应第六十一、六十二章品目	图片示例
其他服装	教士服	clerical garments（vestments）			
	牧师服	ecclesiastical garments（vestments）			
	僧袍	monks' habits		61.14	
	学者服	professional or scholastic gowns and robes			
	飞行员电热服	airmen's electrically heated clothing			

表3-10 续表3

中文注释名称	中文名称	英文原文名称	英文词典释义（仅供参考）	对应第六十一、六十二章品目	图片示例
其他服装	击剑服	fencing clothing			
	骑师绸服	jockeys' silks	"silks" are the white breeches and bib, stock or cravat. Obtaining them is a rite of passage when a jockey is first able to don silken pants and colours in their first race ride. At one time silks were invariably made of silk chose for being a lightweight fabric, though now synthetics are used instead. Silks and their colours are important symbols evoking emotions of loyalty and festivity	61.14	无
	芭蕾舞裙	balley skirts			
	舞蹈练功紧身衣	leotards	a tight-fitting piece of clothing, covering the body but not the legs, that some people wear when they practise dancing or do exercise		
	西服背心（机织）	tailored waistcoats	a sleeveless piece of clothing with buttons that people usually wear over a shirt	62.11	

3. 排他条款

（1）品目 61.11、62.09 的婴儿服装及附件不包括：

①针织或钩编的婴儿软帽（品目 65.05）；

②婴儿尿布及尿布衬里（品目 96.19）；

③《协调制度》其他章中列名更为具体的婴儿衣着附件。

（2）品目 61.13 不包括：

①用品目 58.11 的成匹被褥状纺织产品制成的服装（一般归入品目 61.01 或 61.02），参见第六十一章总注释末的子目注释；

②针织或钩编的分指手套、连指手套及露指手套（品目 61.16），以及其他针织或钩编的衣着附件（品目 61.17）。

（3）品目 62.10 不包括：

①用纸、纤维素絮纸或纤维素纤维网纸制成的服装（品目 48.18）；

②用品目 58.11 的成匹被褥状绗缝纺织产品制成的服装（一般归入品目 62.01 或 62.02），参见第六十二章总注释末的子目注释；

③衣着附件（例如，品目 62.16 的分指手套、连指手套及露指手套）。

（4）品目 61.14、62.11 不包括：

体育运动及比赛用保护用具（例如，击剑面罩及护胸和冰球裤等）（品目 95.06）。

4. 其他类服装归类思维导图

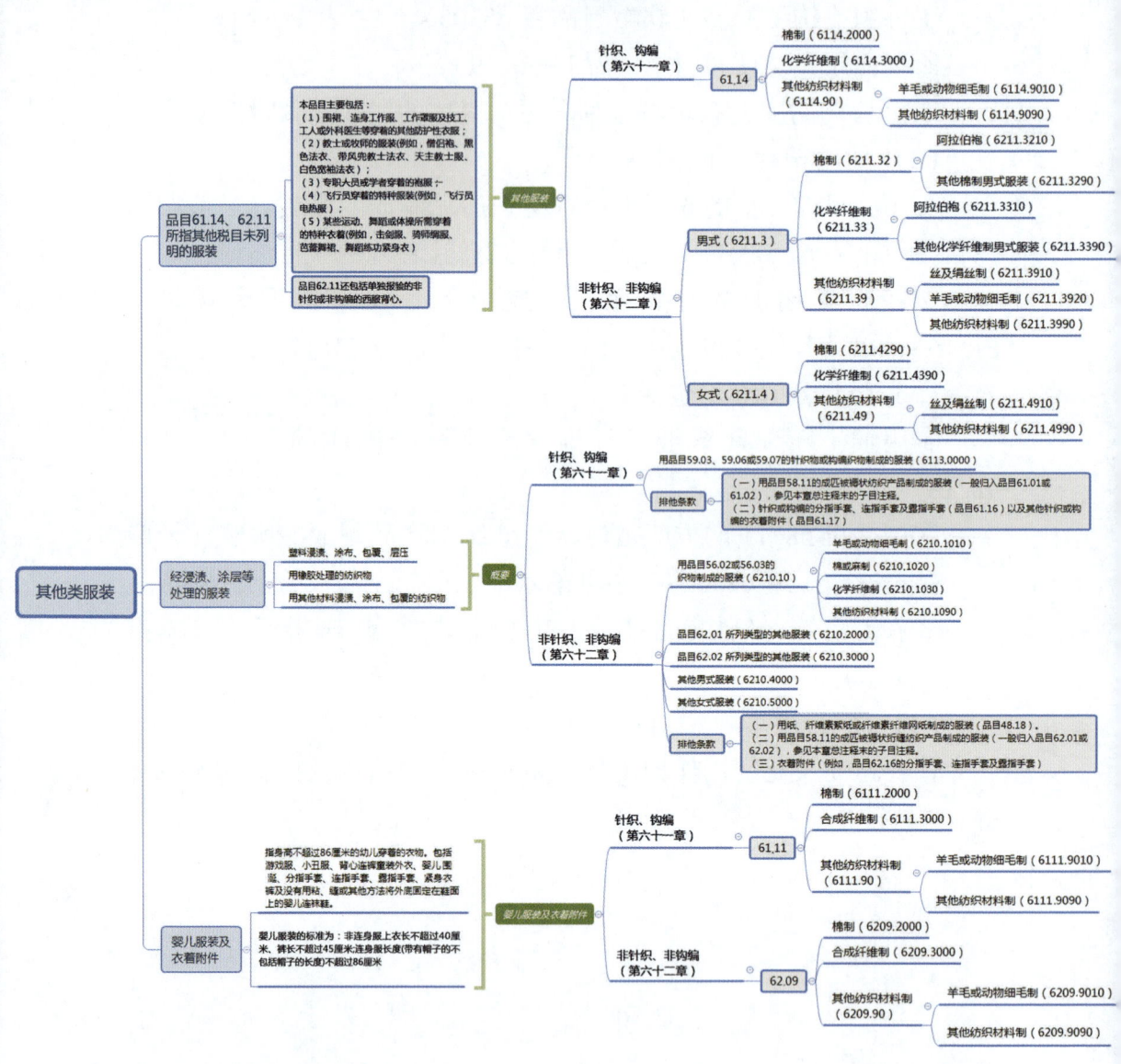

其他类服装

- **品目61.14、62.11所指其他税目未列明的服装**
  - 本品目主要包括：
    (1) 围裙、连身工作服、工作罩服以及技工、工人或外科医生等穿着的其他防护性衣服；
    (2) 教士或牧师的服装（例如，僧侣袍、黑色法衣、带风兜教士法衣、天主教士服、白色窄袖法衣）；
    (3) 专职人员或学者穿着的袍服；
    (4) 飞行员穿着的特种服装（例如，飞行员电热服）；
    (5) 某些运动、舞蹈或体操所需穿着的特种衣着（例如，击剑服、骑师侧服、芭蕾舞裙、舞蹈练功紧身衣）
  - 品目62.11还包括单独报验的非针织或非钩编的西服背心。
  - **其他服装**
    - 针织、钩编（第六十一章）—— 61.14
      - 棉制（6114.2000）
      - 化学纤维制（6114.3000）
      - 其他纺织材料制（6114.90）
        - 羊毛或动物细毛制（6114.9010）
        - 其他纺织材料制（6114.9090）
    - 非针织、非钩编（第六十二章）
      - 男式（6211.3）
        - 棉制（6211.32）
          - 阿拉伯袍（6211.3210）
          - 其他棉制男式服装（6211.3290）
        - 化学纤维制（6211.33）
          - 阿拉伯袍（6211.3310）
          - 其他化学纤维制男式服装（6211.3390）
        - 其他纺织材料制（6211.39）
          - 丝及绢丝制（6211.3910）
          - 羊毛或动物细毛制（6211.3920）
          - 其他纺织材料制（6211.3990）
      - 女式（6211.4）
        - 棉制（6211.4290）
        - 化学纤维制（6211.4390）
        - 其他纺织材料制（6211.49）
          - 丝及绢丝制（6211.4910）
          - 其他纺织材料制（6211.4990）

- **经浸渍、涂层等处理的服装**
  - 塑料浸渍、涂布、包覆、层压
  - 用橡胶处理的纺织物
  - 用其他材料浸渍、涂布、包覆的纺织物
  - **概要**
    - 针织、钩编（第六十一章）
      - 用品目59.03、59.06或59.07的针织物或钩编织物制成的服装（6113.0000）
      - 排他条款
        - （一）用品目58.11的成匹被褥状纺织产品制成的服装，一般归入品目61.01或61.02；参见本章总注释末的子目注释。
        - （二）针织或钩编的分指手套、连指手套及露指手套（品目61.16）以及其他针织或钩编的衣着附件（品目61.17）。
    - 非针织、非钩编（第六十二章）
      - 用品目56.02或56.03的织物制成的服装（6210.10）
        - 羊毛或动物细毛制（6210.1010）
        - 棉或麻制（6210.1020）
        - 化学纤维制（6210.1030）
        - 其他纺织材料制（6210.1090）
      - 品目62.01所列类型的其他服装（6210.2000）
      - 品目62.02所列类型的其他服装（6210.3000）
      - 其他男式服装（6210.4000）
      - 其他女式服装（6210.5000）
      - 排他条款
        - （一）用纸、纤维素絮纸或纤维素纤维网纸制成的服装（品目48.18）。
        - （二）用品目58.11的成匹被褥状衍缝纺织产品制成的服装，一般归入品目62.01或62.02；参见本章总注释末的子目注释。
        - （三）衣着附件（例如，品目62.16的分指手套、连指手套及露指手套）

- **婴儿服装及衣着附件**
  - 指身高不超过86厘米的幼儿穿着的衣物。包括游戏服、小丑服、背心连裙套装外衣、婴儿围嘴、分指手套、连指手套、露指手套、紧身衣裤及没有用粘、缝或其他方法将外底固定在鞋面上的婴儿连袜鞋。
  - 婴儿服装的标准为：非连身服上衣长不超过40厘米，裤长不超过45厘米连身服长度（带有帽子的不包括帽子的长度）不超过86厘米
  - 针织、钩编（第六十一章）—— 61.11
    - 棉制（6111.2000）
    - 合成纤维制（6111.3000）
    - 其他纺织材料制（6111.90）
      - 羊毛或动物细毛制（6111.9010）
      - 其他纺织材料制（6111.9090）
  - 非针织、非钩编（第六十二章）—— 62.09
    - 棉制（6209.2000）
    - 合成纤维制（6209.3000）
    - 其他纺织材料制（6209.90）
      - 羊毛或动物细毛制（6209.9010）
      - 其他纺织材料制（6209.9090）

3.4.10 胸罩、手套、袜子、围巾、领带、手帕及其他衣着附件及零件（品目 61.15、61.16、61.17、62.12、62.13、62.14、62.15、62.16、62.17）

不要将衣着零件与衣着附件混淆，衣着附件是一类与服装有类

似功能的、从属于服装的穿戴品,按税则规定主要是指除上身所穿的衣服和下身穿的裤子外,人体身上所穿用的如领带、手套、袜子等纺织材料制品。衣着零件是指构成服装及衣着附件的各种组成单元,如服装的口袋、袖子、领子、领围、褶裥等。

1. 胸罩、束腰带、紧身胸衣、吊裤带、吊袜带、束袜带和类似品及其零件(品目62.12)

(1)基本概念

品目62.12包括用以保持体形的服装或作为某些其他衣着的支撑物及其零件。这类物品可用包括针织物或钩编织物在内的任何纺织材料制成(不论是否具有弹性)。

本品目项下物品可以饰边(丝带、花边等),也可带有非纺织材料(例如,金属、橡胶、塑料或皮革)制的配件及附件。

本品目包含非品目90.21矫形器具的产妇、孕妇用护带或矫正带及类似品(参见品目90.21的注释)。

(2)商品示例(见表3-11)

表3-11 品目62.12商品示例表

中文注释名称	英文原文名称	英文词典释义(仅供参考)	对应第六十二章子目	图片示例
胸罩	brassieres	an undergarment worn by women to support their breasts	6212.1	
束腰带	girdles	a piece of women's underwear that fits closely around the body from the waist to the top of the legs, designed to make a woman look thinner	6212.2	
腹带	panty-girdles	a woman's undergarment that combines a girdle and panties		

表3-11 续1

中文注释名称	英文原文名称	英文词典释义（仅供参考）	对应第六十二章子目	图片示例
束腰胸衣	corselettes	a piece of women's underwear that combines a corset and a bra	6212.3	
吊裤带、背带	braces	long narrow pieces of cloth, leather, etc. for holding trousers/pants up, are fastened to the top of the trousers/pants at the front and back and passed over the shoulders	6212.9	
吊袜带	suspenders	a short circle of elastic for holding up a sock or stocking		
束袜带	garters	usually made of elastic, that is worn around the leg to keep up a sock or stocking		
卫生带	sanitary belt	a belt for supporting a sanitary towel		
悬带	suspensory bandages	a bandage of elastic fabric applied to uplift a dependant part (as pendulous breast)		无
吊带护裆	suspender jock-straps	a piece of underwear worn by men to support their genitals when they are playing sports		
臂箍	armlets	a band worn around the arm for decoration		

表3-11 续2

中文注释名称	英文原文名称	英文词典释义（仅供参考）	对应第六十二章子目	图片示例
衬衫袖箍	shirt-sleeve supporting arm-bands		6212.9	无
男用紧身带	body-belt for men			无

（3）排他条款

品目62.12不包括完全以橡胶制成的紧身胸衣及带子（品目40.15）。

2. 分指手套、连指手套及露指手套（品目61.16、62.16）

（1）涵盖商品范围

品目61.16包括不论是男式或女式的各种手套，例如普通的分指短手套、露出部分手指的露指手套（见图52）、仅把拇指分开的连指手套（见图53）、防护手套及其他戴至前臂甚至上臂的长手套。

图52　露指手套 　　　　　图53　连指手套

本品目还包括未完成的针织或钩编手套，只要其已具备制成品的基本特征。

品目62.16还包括工业或其他方面用于防护的手套。

（2）排他条款

①品目61.16不包括：

A. 衬有或覆有毛皮或人造毛皮的针织或钩编分指手套、连指手套及露指手套（毛皮或人造毛皮仅起装饰作用的除外）（品目43.03或43.04）；

B. 婴儿戴的分指手套、连指手套及露指手套（品目61.11）；

C. 非针织或非钩编的纺织材料制的分指手套、连指手套及露指手套（品目62.16）；

D. 供按摩或盥洗用的"摩擦手套"（品目63.02）。

②品目62.16的排他项，除了和品目61.16的排他项A、B、D相符之外，还不包括：

A. 有衬里或无衬里的丝瓜络摩擦手套（品目46.02）；

B. 用纸、纤维素絮纸或纤维素纤维网纸制的分指手套、连指手套及露指手套（品目48.18）。

3. 针织或钩编的袜类和无外缝鞋底的鞋类（品目61.15）

（1）涵盖商品范围

①从脚、腿一直到腰部、供下半身穿着的连裤袜及紧身裤袜，包括不覆盖脚部的。

②长筒袜及短袜（包括翻口短袜）。

③主要用于防寒的里袜。

④渐紧压袜类（例如，用以治疗静脉曲张的长筒袜）。

⑤保护长筒袜脚部或趾部不受磨损的袜套。

⑥没有用粘、缝或其他方法将外底固定在鞋面上的鞋类，但婴儿连袜鞋除外。

本品目还包括用针织物或钩编织物制的未完成的长筒袜、短袜等，只要其已具备制成品的基本特征。

（2）排他条款

①婴儿穿着的长筒袜、短袜及没有用粘、缝或其他方法将外底

固定在鞋面上的连袜鞋（品目61.11）。

②非针织或非钩编的长筒袜、短袜等（一般归入品目62.17）。

③用粘、缝或其他方法将外底固定在鞋面上的针织鞋靴（第六十四章）。

④护腿及裹腿（包括不覆盖脚部的"登山袜"）（品目64.06）。

4. 非针织、非钩编披巾、领巾、围巾、披纱、面纱及类似品（品目62.14）

（1）涵盖商品范围

①披巾，通常是正方形、三角形或圆形，其大小足以围裹头部及肩部。

②领巾及围巾，通常是正方形或长方形，用以围裹颈部。

③披纱，通常为网眼织物制的轻质披巾或领巾，妇女用以围裹头部及肩部。

④面纱，一般用轻薄、透明或网状的材料制成，但也有用网眼织物制成的物品，不论穿戴后具有装饰性或实用性（例如，婚礼、葬礼、圣餐等场合所用的面纱和类似品，以及附于帽上或透挡面部的面纱）。

本类物品一般均经折边、卷边、滚边或用流苏饰边。

本品目还包括在规则间距上有一段退织纱线的成匹织物，只要简单地沿这段退织纱线裁剪，即可制得归入本品目的流苏饰边的物品。

（2）排他条款

①简单裁切成正方形或长方形的无纺织物（品目56.03）。

②未经整边或未流苏饰边，仅简单裁剪成披巾、领巾等形状并经刺绣的织物（品目58.10）。

③针织或钩编的披巾、领巾等（品目61.17）。

④具有方领巾性质且任一边长均不超过60厘米的物品（品目62.13）。

⑤军队或教会中佩带的饰带（品目62.17）。

5. 非针织、非钩编领带及领结（品目62.15）

（1）涵盖商品范围

本品目包括一般为男性佩带的领带（含旧式领带、宽领带）及领结（包括带有塑料、金属等配件以便于佩戴在衣领上的）。

裁剪成形供制造领带、领结用的织物也归入本品目内，但仅简单地沿对角线裁剪成条状领带材料的除外。

（2）排他条款

①针织或钩编的领带及领结（品目61.17）。

②品目62.17的胸片、衬衫胸饰及类似品。

6. 非针织、非钩编手帕（品目62.13）

（1）涵盖商品范围

归入本品目的手帕应是正方形或近似正方形的，其任一边长均不超过60厘米（参见本章注释八）。本品可以是普通的手帕，也可以是作为包头、围脖或腰饰的方巾。这些手帕及领巾经折边、卷边、滚边或带有通常由突出的经线或纬线构成的流苏，有直边或荷叶边。流苏饰边的制品，其边长应包括流苏的长度。完全用网眼织手制成的手帕也归入本品目。

本品目还包括由若干具有手帕或领巾特征的方巾构成的织物，方巾织在一起相连成幅，只要简单地沿着漏织的经线或纬线形成的分隔线裁剪，不需作进一步加工就可成为流苏饰边的单件手帕或领巾。

经过"抽纱"工艺加工而使半制品具有手帕或领巾特征，仅需经简单裁剪成需要的尺寸及形状即成为制品似织物也归入本品目。

（2）排他条款

①纸、纤维素絮纸或纤维素纤维网纸制的手帕（品目48.18）。

②简单裁剪成正方形或长方形的无纺织物（品目56.03）。

③未经整边或未用流苏饰边，仅简单裁剪成正方形并经刺绣的织物（品目58.10）。

④虽具手帕或领巾特征，但任一边长超过60厘米的物品，以及非正方形或非近似正方形的领巾（品目62.14）。

7. 其他衣着附件及零件（品目61.17、62.17）

（1）涵盖商品范围

①品目61.17主要包括：

A. 披巾、头巾、围巾、披纱、面纱及类似品；

B. 领带及领结；

C. 吸汗垫布、垫肩或其他衬垫；

D. 不论是否弹性的各式腰带（包括子弹带）及肩带（例如，军队或教会中使用的肩带），这类物品即使带有贵金属制的搭扣或其他配件、饰有珍珠、宝石或半宝石（天然、合成或再造的），仍归入本品目；

E. 手笼，包括仅用毛皮或人造毛皮饰边的；

F. 衣袖护套；

G. 护膝布，但品目95.06体育运动用的除外；

H. 非裁切成形的标签、徽章、纹章、军衔符号及类似品（品目58.10的小块图案刺绣品除外）（通过裁切制成的此类物品归入品目58.07）；

I. 单独报验的雨衣及类似服装的可拆卸衬里；

J. 服装的口袋、袖子、领子、领围、褶裥、各种服饰（例如，玫瑰花结、蝴蝶结、褶裥饰边、褶边及荷叶边）、女服大身、襞饰、袖口、覆肩、卜头及类似品；

K. 手帕；

L. 头带，用于御寒、防止头发散乱等。

②品目62.17主要包括：

A. 吸汗垫布，通常用经橡胶处理的织物或橡胶包覆的纺织材料制成，但完全以塑料或橡胶制成的吸汗垫布除外（分别归入品目39.26及40.15）；

B. 垫肩及其他衬垫，这类物品通常是将絮胎、毡呢或织物边脚料覆以织物制成，但用不覆纺织材料的橡胶（一般为海绵橡胶）制成的垫肩及其分衬垫除外（品目40.15）；

C. 用织物或金属线机织物制成的各种腰带（包括子弹带）及饰带（例如，军队或教会中佩带的），不论是否弹性或经橡胶处理的。这类物品即使带有贵金属制搭扣或其他配件、饰有珍珠、宝石或半宝石（天然、合成或再造的），仍归入本品目；

D. 手笼，包括仅用毛皮或人造毛皮饰边的；

E. 衣袖护套；

F. 水兵领；

G. 肩章、臂章等；

H. 不是通过裁切成形或裁切成一定尺寸而制成的标签、徽章、纹章、军衔符号及类似品（品目58.10的小块图案刺绣品除外，另外通过裁切制成的此类物品归入品目58.07）；

I. 挂剑带、勋带等；

J. 单独报验的雨衣及类似服装的可拆卸衬里；

K. 服装口袋、袖子、领子、领圈、褶裥、各种服饰（例如，玫瑰花结、蝴蝶结、褶裥饰边、褶边及荷叶边）、女服大身、襞饰、袖口、覆肩、卜头及类似品；

L. 长筒袜、短袜、袜套（包括网眼织物制的）及没有用粘、缝或其他方法将外底固定在鞋面上的鞋靴（婴儿连袜鞋除外）。

（2）排他条款

①品目61.17不包括：

A. 品目61.11的针织或钩编婴儿衣着的附件；

B. 胸罩、束腰带、紧身胸衣、吊裤带、吊袜带、束袜带和类似品及其零件（品目62.12）；

C. 作业用带（例如，窗户清洁工或电工用的工作带）或非作为服饰的玫瑰花结（品目63.07）；

D. 针织或钩编的帽子（品目65.05）及帽子配件（品目65.07）；

E. 羽毛饰物（品目 67.01）；

F. 品目 67.02 的人造花、叶或果实形状的装饰带；

G. 带有揿钮、钩扣及洞眼的针织带（酌情归入品目 60.01、60.02、60.03、83.08 或 96.06）；

H. 拉链（品目 96.07）；

② 品目 62.17 不包括：

A. 品目 62.09 的婴儿衣着附件；

B. 作业用带（例如，窗户清洁工或电工用的工作带）或不作为服饰的玫瑰花结（品目 63.07）；

C. 羽毛饰物（品目 67.01）；

D. 品目 67.02 的人造花、叶或果实形状的装饰带；

E. 带有揿钮、钩扣及洞眼的带子（酌情归入品目 58.06、83.08 或 96.06）；

F. 拉链（品目 96.07）。

8. 手套、袜子、围巾、领带、手帕及其他衣着附件及零件商品示例（见表 3-12）

表 3-12　手套、袜子、围巾、领带、手帕及其他衣着附件及零件商品示例表

中文名称	织造方法对应的第六十一、六十二章品目/子目		图片示例
	针织或钩编	非针织非钩编	
头巾、披巾、面纱及类似品	6117.10	62.14	

表3-12 续1

中文名称	织造方法对应的第六十一、六十二章品目/子目		图片示例
	针织或钩编	非针织非钩编	
领带、领结	6117.8010	62.15	
吸汗垫布、垫肩	6117.90	6217.90	
腰带、饰带	61.17	62.17	
手笼	61.17	62.17	
衣袖护套	61.17	62.17	
护膝布	61.17		

表3-12　续2

中文名称	织造方法对应的第六十一、六十二章品目/子目		图片示例
	针织或钩编	非针织非钩编	
肩章、臂章及类似品	61.17	62.17	
雨衣可拆衬里及类似服装的可拆衬里	61.17	62.17	
手帕	61.17	62.13	
头带	61.17		
水兵领	61.17	62.17	
挂剑带、勋带	61.17	62.17	

表3-12 续3

中文名称	织造方法对应的第六十一、六十二章品目/子目		图片示例
	针织或钩编	非针织非钩编	
袜类	61.15	62.17	
手套	61.16	62.16	

9. 胸罩、手套、袜子、围巾、领带、手帕及其他衣着附件及零件归类思维导图"

胸罩、手套、袜子、围巾、领带、手帕及其他衣着附件及零件归类思维导图如下。

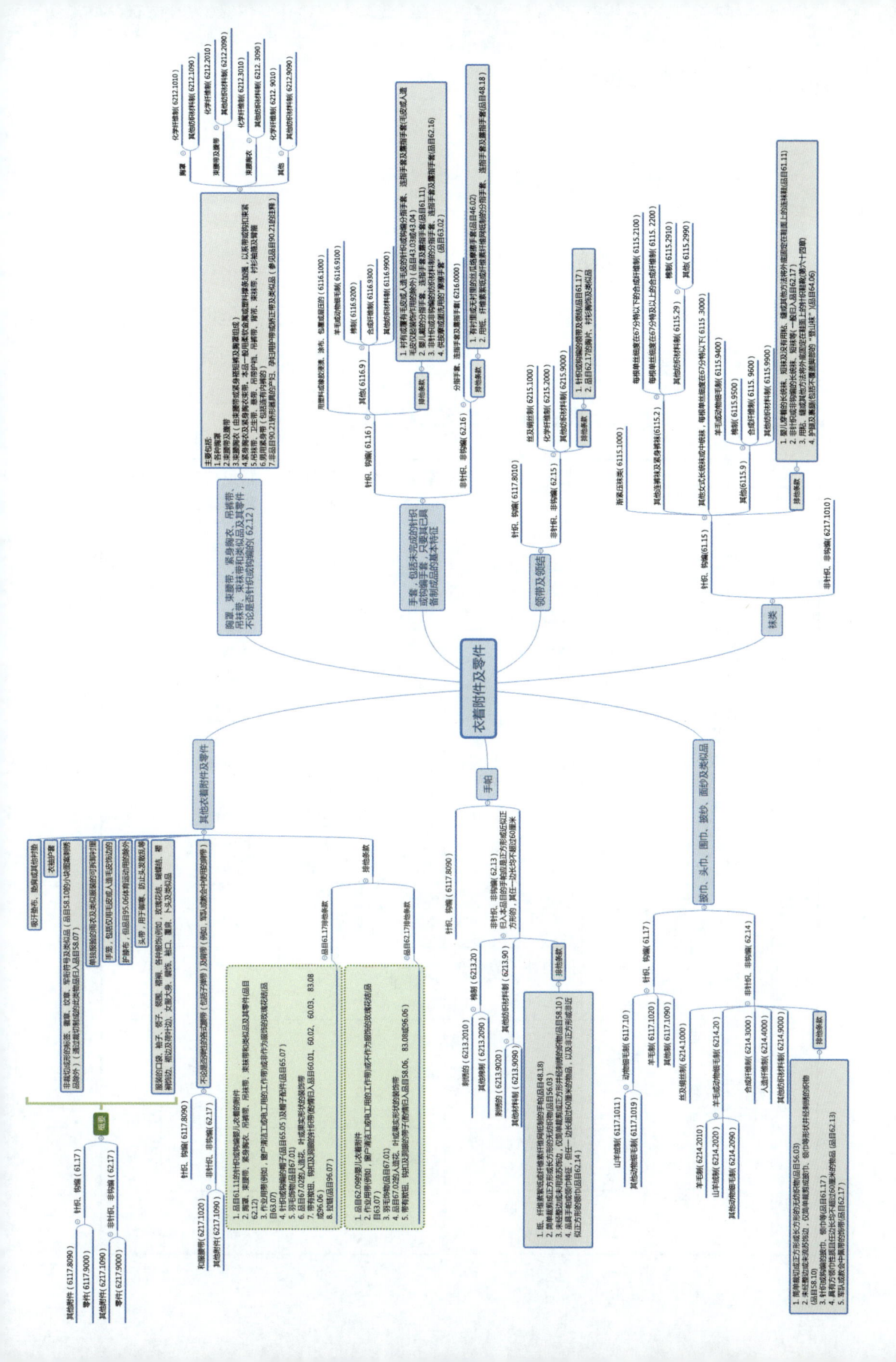

衣着附件及零件

该页面为一幅关于"衣着附件及零件"HS编码分类的思维导图，主要分支及内容如下：

主要分支

- **其他衣着附件及零件**
- **胸罩、束腰带、紧身胸衣、吊裤带、吊袜带、袜带等类似品及其零件，不论是否针织或钩编制的（品目 62.12）**
- **手套，包括连指手套或露指手套，成钩编端手套、只要其已具备制成品的基本特征**
- **领带及领结**
- **手帕**
- **披巾、头巾、围巾、披纱、面纱及类似品**
- **袜类**

其他衣着附件及零件

- 针织、钩编（61.17）
  - 其他附件（6117.8090）
  - 零件（6117.9000）
- 非针织、钩编（62.17）
  - 其他附件（6217.1090）
  - 零件（6217.9000）

和服腰带 6217.1020
其他附件 6217.1090

1. 品目 61.11 以外的婴儿衣着附件
2. 胸罩、束腰带、紧身胸衣、吊裤带、吊袜带、袜带及类似品及其零件（品目 62.12）
3. 不论是否针织或钩编的
4. 针织或钩编领子、人造花、叶或果实制品及其制品（品目 65.07）
5. 羽绒制品（品目 67.01）
6. 品目 67.02、人造花、叶或果实制品的制成品（品目 96.06）
7. 带粉扑等（品目 67.01）
8. 扣链齿（品目 96.07）

不论是否针织或钩编的其他衣着附件（包括子衿）及零件（品目 62.12 以外的）

1. 披肩、围巾、头巾、面纱、领带、领结及类似品
2. 袖口、前片（衬衫、衬裙、衬领的工作用衣件）或为衬衣工作用的其他类似物品（品目 58.07）
3. 非针织或钩编的腰带及用带（品目 63.06、83.08或96.06）

胸罩、束腰带、紧身胸衣、吊裤带、吊袜带、袜带等类似品及其零件

主要包括：
1. 各种胸罩
2. 束腰带胸衣（由束腰带或紧身胸衣延伸到胸罩位置）
3. 束身胸衣
4. 紧身背心及紧身衣束带，本品一般是纺织品制成的弹性衣，包括带扣、钩眼等装置用来束身
5. 吊袜带、卫生带、吊裤、肩带、袜带等
6. 男装及童装的紧身背心
7. 孕妇腹带（参见品目 90.21 的注释）

手套，包括连指手套或露指手套，成钩编端手套、只要其已具备制成品的基本特征

- 用作保护或接触感染：涂布、浸渍、包覆或层压类的（6116.1000）
- 分指手套、连指手套及露指手套（6216）
  - 针织、钩编（61.16）
    - 棉制（6116.9200）
    - 合纤维制（6116.9300）
    - 其他纺织材料制（6116.9900）
    - 其他（6116.9）
  - 非针织、钩编（6216）
    - 1. 针织或缝制的含橡胶毛皮的分指手套等其他针织或钩编制手套（品目 61.11）
    - 2. 剑术、击剑等运动用手套、连指手套或露指手套（品目 63.02）
- 1. 针织或整体成形的人造毛皮及模仿皮毛（毛毡或人造皮毛制品外）品目 43.03或43.04
- 2. 婴儿的钩编制衣物配件（包括手套、连指手套及露指手套）（品目 61.11）
- 3. 盲人分指手套、连指手套及露指手套（品目 62.16）
- 4. 拳击手套（包括填料）"露指手套"（品目 63.02）

领带及领结（6117.8010）

- 针织、钩编（61.15）
- 非针织、钩编（62.15）
  - 丝及绢丝制（6215.1000）
  - 化学纤维制（6215.2000）
  - 其他纺织材料制（6215.9000）

手帕

- 非针织、钩编（62.13）
  - 棉制（6213.2010）
  - 丝制（6213.2090）
  - 其他纺织材料制（6213.90）
    - 丝制（6213.9020）
    - 其他纺织材料制（6213.9090）
      - 1. 长、宽、斜对角方形或长方形状的衬里或正方形整形后仍成正方形的手帕（品目 58.10）
      - 2. 四周处加边的几何形方形的手帕（品目 58.03），以及其他经过加工印染等处理的手帕，且一边尺寸不超过 60 厘米
      - 3. 对外贸易使用的，如布对正方形手帕（品目 58.10）
      - 4. 纯原始方形制成的手帕，以及主要正方形手帕均成正方形产品（品目 62.14）

披巾、头巾、围巾、披纱、面纱及类似品

- 针织、钩编（6117）
  - 山羊绒制（6117.1011）
  - 动物纤维毛制（6117.1019）
  - 羊毛制（6117.1020）
  - 其他（6117.1090）
- 非针织、钩编（62.14）
  - 丝及绢丝制（6214.1000）
  - 羊毛制（6214.20）
    - 羊毛绒制（6214.2010）
    - 山羊绒制（6214.2020）
    - 其他（6214.2090）
  - 棉制（6214.3000）
  - 合成纤维制（6214.4000）
  - 人造纤维制（6214.9000）
  - 其他纺织材料制的（6214.9000）

1. 用棉制成或正方形状或长方形状的方形物（品目 56.03）
2. 未经整边或加固边或其他类似（以棉或长方形状制成的、整体印染而成用为手帕）（品目 58.10）
3. 针织或钩编制披巾（品目 6117）
4. 其他方形以外的品目按长边宽长而其他方形（品目 6213）
5. 宗人或类似用法类样的印染制品（品目 6217）

袜类

- 针织、钩编（61.15）
  - 医用压脚袜（6115.1000）
  - 其他连裤袜及紧身连袜袜（6115.2）
  - 其他女式长袜或半袜（6115.9）
    - 羊毛或动物毛制（6115.2100）
    - 合成纤维制（6115.2200）
    - 其他（6115.29）
    - 其他纺织材料制（6115.2910）
    - 其他（6115.2990）
  - 羊毛或动物毛制（6115.9500）
  - 合成纤维制（6115.9600）
  - 其他纺织材料制（6115.9900）
- 非针织、钩编（6217.1010）

1. 婴儿连袜裤（品目以其他方法为主的一双或两组合成纤维制品，即纺入加压品在线上的针织袜；品目 61.11）
2. 非针织材质的袜子、短袜，包括一般以不成型制成（品目 62.17）
3. 用脚、缝编或其他类似方式在纱线或纺织品上插入不同材质（第六十四章）
4. 手部及腿部，包括不宜着衣服贵品的"压袜"（品目 64.06）

3.5 纺织纤维的分类

3.5.1 纺织纤维的基本分类

纺织纤维的种类很多，一般按其来源可分为天然纤维和化学纤维两大类（见表3-13）。

表 3-13 纺织纤维分类

一级分类	定义	二级分类	纤维来源及特点	常见纤维学术名称	常见纤维商业名称	常见纤维税则定义	涉及章节
天然纤维	动物纤维 又称天然蛋白质纤维，主要成分是蛋白质	腺分泌物纤维	由蚕的腺体分泌液在体外凝成的丝状纤维，又称天然长丝	丝纤维	桑蚕丝、柞蚕丝		第五十章
		毛发纤维	从动物身上获得的毛发纤维，由角质细胞组成	羊毛纤维		绵羊或羔羊身上长的天然纤维	第五十一章
				克什米尔山羊毛纤维	开士米、山羊绒	原产于克什米尔，但现在世界若干其他地区饲养的山羊的下层细软绒毛（羊绒）	
				安哥拉山羊毛纤维	马海毛		
	植物纤维 又称天然纤维素纤维，主要成分是纤维素，并含有少量木质素、半纤维等	种子纤维	植物种子表面的绒毛纤维	棉纤维			第五十二章
		韧皮纤维	又称茎纤维，由植物茎部韧皮部分形成的纤维	麻纤维			第五十三章
		维管束纤维	取自植物的维管束细胞	竹原纤维			
		叶纤维	从植物的叶子中获得的纤维				

表3-13 续1

一级分类	定义	二级分类	纤维来源及特点	常见纤维学术名称	常见纤维商业名称	常见纤维税则定义	涉及章节
天然纤维		果实纤维	从植物的果实中获得的纤维	椰壳纤维		从椰子的外层覆盖物获得的，粗糙性脆，棕色，成团或成束的	
	又称天然无机纤维，是从纤维状结构的矿物岩石中获得的纤维	矿物纤维	具有耐酸、耐碱、耐高温的性能，是热和电的不良导体，用来织制防火面料，在工业上常将石棉用于防火、保温和绝热等材料中	石棉纤维	石棉纤维		第六十八章
化学纤维	将天然有机聚合物经化学变化制得	人造纤维		粘胶纤维	人造丝（长），人造棉（短），人造毛（短）		第五十四章、五十五章
				莫代尔纤维	莫代尔		
				莱赛尔纤维	天丝		
				铜氨纤维			
				醋酸纤维			
		再生蛋白质纤维		酪素复合纤维			
				大豆蛋白复合纤维			
		藻酸纤维		藻酸钙铬纤维			
				藻酸钙纤维			

表3-13 续2

一级分类	定义	二级分类	纤维来源及特点	常见纤维学术名称	常见纤维商业名称	常见纤维税则定义	涉及章节
化学纤维	将有机单体物质加以聚合制得	合成纤维		聚酰胺纤维（包括芳族聚酰胺）	尼龙，锦纶，芳纶		第五十四章、五十五章
				聚酯纤维	涤纶（PET）		
				聚乙烯醇纤维	维纶、维尼纶（PVA）		
				聚丙烯腈纤维	腈纶（PAN）、开司米纶		
				聚丙烯纤维	丙纶（PP）		
				聚氯乙烯纤维	氯纶（PVC）		
				聚氨酯纤维	氨纶、莱卡（PU）		

3.5.2 新型纤维简要介绍

近年来，随着科技进步，各种新纤维、新面料相继出现，它们具有无公害、功能化、科技含量高的特点。但新型纤维的蓬勃发展使纤维之间的分类逐步模糊。新型纤维介绍见表3-14。

表 3-14　新型纤维介绍

名称	定义	特点
竹原纤维	将生长 12~18 个月的慈竹锯成生产上所需要的长度，浸泡在特制的脱胶软化剂中，再采用机械、蒸煮等物理方法去除竹子中的木质素、糖类、果胶等杂质，再经脱胶工艺，从竹材中直接分离出来的纯天然竹纤维	良好的吸湿性、渗透性、放湿性及透气性，具有天然抗菌、抑菌、除臭的作用，能有效地阻挡紫外线，是一种可降解纤维
竹浆纤维	又称再生竹纤维或竹粘胶纤维，是以竹子为原料，经过特殊工艺处理，把竹子中的纤维素提取出来，再经过制胶、纺丝等工序制造而成	吸湿性好，手感柔软，悬垂性好，上色容易，色泽亮丽
竹炭纤维	运用纳米技术先将竹炭微粉化，再将纳米级竹炭微粉经过高科技工艺加工，然后采用传统的化纤制备工艺流程，即可纺丝成型，制备出竹炭纤维	竹炭纤维特殊的分子结构和超强的吸附能力，使其具有弱导电功能，能起到防静电、抗电磁辐射的作用
莱赛尔纤维（Lyocell）	以一种新的有机溶剂溶解纤维素后进行纺丝制得的一种再生纤维素纤维	环保型纤维，具有优良的吸湿性、悬垂性、手感柔软，可以纯纺，也可与其他纤维混纺，可开发出高附加值的织物
莫代尔纤维（Model）	高湿模量粘胶纤维的纤维素再生纤维，采用云杉、榉木制成的木浆粕，通过专门的纺丝工艺加工而成	具有很好的柔软性和优良的吸湿性，但其织物挺括性较差，现在大多用于内衣的生产
大豆纤维	主要原料来自大豆榨完油后的大豆粕，属于再生植物蛋白纤维	单丝细度小，相对密度小，强伸度高，耐酸耐碱性强，吸湿导湿性好

表3-14 续

名称	定义	特点
牛奶纤维	以牛乳作为基本原料，经过脱水、脱油、脱脂、分离、提纯，使之成为一种具有线型大分子结构的乳酪蛋白，利用接枝共聚技术将分离、提纯的蛋白质分子与其他高聚物制成含牛奶蛋白的纺丝浆液，再经湿法纺丝工艺制成长丝或切断成短纤维	制造成本高，单丝细度小，相对密度小，断裂伸长率、卷曲弹性、卷曲回复率最接近羊绒，具有天然抑菌功能，水洗后易干，洗涤后仍可保持产品永久性能
玉米纤维	即聚乳酸纤维，是以玉米、小麦等淀粉为原料，经发酵转化成乳酸再经聚合、纺丝而制成的合成纤维	具有生物降解性、生物相容性和生物可吸收性，断裂伸长率与涤纶接近，制成的织物强力高
海藻纤维	将海藻类的碳化物粉碎成超微粒子，再与聚酯溶液或聚酰胺溶液等混炼纺制予以抽丝、加工而成的纤维	具有良好的远红外线放射功能

4

第六十三章 其他纺织制成品；成套物品；旧衣着及旧纺织品；碎织物

根据第十一类类注七,"制成品"中的"制成",是指:

1. 裁剪成除正方形或长方形以外的其他形状的;

2. 呈制成状态,无须缝纫或其他进一步加工(或仅需剪断分隔联线)即可使用的(例如,某些抹布、毛巾、台布、方披巾、毯子);

3. 裁剪成一定尺寸,至少有一边为带有可见的锥形或压平形的热封边,其余各边经本注释其他各项所述加工,但不包括为防止剪边脱纱而用热切法或其他简单方法处理的织物;

4. 已缝边或滚边,或者在任一边带有结制的流苏,但不包括为防止剪边脱纱而锁边或用其他简单方法处理的织物;

5. 裁剪成一定尺寸并经抽纱加工的;

6. 缝合、胶合或用其他方法拼合而成的(将两段或两段以上同样料子的织物首尾连接而成的匹头,以及由两层或两层以上的织物,不论中间有无胎料,层叠而成的匹头除外);

7. 针织或钩编成一定形状,不论报验时是单件还是以若干件相连成幅的。

4.1 品目 63.01~63.06 常见的纺织制成品（例如床上用品等）

4.1.1 品目 63.01~63.06 商品示例

品目 63.01~63.06 商品示例见表 4-1。

表 4-1　品目 63.01~63.06 商品示例表

中文注释名称	特别提示	英文词典释义（仅供参考）	对应第六十三章品目/子目
毯子	包括电暖毯，不包括动物用的特殊形状毯子		63.01
旅行毯			
床上用织物制品	床单、枕套、被套、床垫罩（注意区分床单和床罩）；床笠是把床垫都包起来	bed linen（sheets and pillowcases for a bed）	6302.1（针织钩编）、6302.2（机织梭织且印花）、6302.3（其他机织梭织）
餐桌用织物制品	桌布、桌垫、狭长台布、垫布、餐巾、茶巾、餐巾袋、杯垫		6302.4、6302.5
盥洗用棉制织物制品	毛巾、浴巾、沙滩巾、方巾、盥洗用手套		6302.6
厨房用织物制品	粗厚织物制成的擦地布、擦盘巾及玻璃器皿揩巾；清洁用布归入品目 63.07		
窗帘（包括帷帘）			63.03
帐幔			
门窗帘帷、床帷			

表4-1 续1

中文注释名称		特别提示	英文词典释义（仅供参考）	对应第六十三章品目/子目
其他装饰用织物制品（家庭、公共场所用、交通工具用）	床罩		bedspread: an attractive cover put on top of all the sheets and covers on a bed	6304.1
	蚊帐	包括第六十三章子目注释一中所述浸渍或涂层的蚊帐（一些驱虫、除虫化学物质）		6304.2
	壁布			6304.9
	仪式典礼（例如，婚礼或葬礼）上用的纺织饰物			
	垫子套	软垫、坐垫、靠垫	cushion	
	装饰性台布	有铺地制品特征的除外		
	帘幕圈环		curtain loops	
	挂布	不包含品目63.03的物品	valance	
货物包装用袋	散装货物储运袋	通常是用聚丙烯或聚乙烯机织物制成，其容量一般在250~3000千克之间。一般用于包装、储存、运输及搬运流动性大的干货	sacks and bags	63.05
	袋泡茶袋	一次性无纺布制滤茶袋		
油苫布			tarpaulin is a fabric made of canvas or similar material coated with tar, wax, paint, or some other waterproof substance	6306.1
天篷、遮阳篷		一般固定在门窗上	awning, sunblind, is a canopy made of canvas to shelter people or things from rain or sun	

表4-1 续2

中文注释名称		特别提示	英文词典释义（仅供参考）	对应第六十三章品目/子目
风帆			sails of boats, is a large piece of fabric by means of which wind is used to propel a sailing vessel	6306.3
帐篷（包括临时顶篷及类似品）*		织物制、不包含儿童用玩具帐篷和伞形帐篷		6306.2
充气褥垫			pneumatic mattress, is the soft part of a bed, that you lie on	6306.4
野营用品	水袋			6306.9
	盥洗盆			
	铺地布			
	帆布桶			
	充气枕，充气床垫，充气座垫	品目40.16的物品除外		
	吊床	品目56.08的物品（网状吊床）除外		

注：*通常用于户外，一边或多边开放（也可能全封闭），包含全部或部分屋顶，可提供对于天气状况（例如太阳、风、雨）的全部或部分防护，临时顶篷的框架通常由金属制成，可能有伸缩轴。顶部和任何侧面可在框架组装好后分别安装，也可能和框架一起包含在弹出式装置中。有时临时顶篷可能含有地锚。

4.1.2 排他条款

1. 品目63.01不包括：

（1）供动物用的特殊形状毯子（品目42.01）；

（2）床单及床罩（品目63.04）；

（3）带絮胎或其他填充物的床褥（品目94.04）。

2. 品目63.02不包括：

（1）用花边、丝绒或锦缎等材料制成的台子中心的花饰垫布

（品目63.04）；

（2）用粗厚织物制成的擦地板布、擦盘子布、洗碗布、抹布及类似的清洁用布（品目63.07）。

3. **品目63.03不包括：**

室外用的遮阳篷（品目63.06）。

4. **品目63.04不包括：**

（1）灯罩（品目94.05）；

（2）品目94.04的床罩；

（3）具有铺地制品特征的装饰性台布（第五十七章）（第五十七章注释一："地毯及纺织材料的其他铺地制品"，是指使用时以纺织材料作面的铺地制品，也包括具有纺织材料铺地制品特征但作其他用途的物品）。

5. **品目63.05不包括：**

用作货物包装的打包布，其布边虽经粗疏地缝合，但仍不构成制成品或半成品的包装袋（品目63.07）。

6. **品目63.06不包括：**

（1）用油苫布为材料制成汽车、机器等的特定形状的活动罩套，用轻质材料为原料仿照油苫布制品的加工方法制成的扁平防护罩（品目63.07）；

（2）伞形帐篷（品目66.01）；

（3）品目40.16的充气床垫、充气枕、充气座垫，品目56.08的吊床网布；

（4）背包、背囊及类似容器（品目42.02）；

（5）装有衬垫的睡袋及填充褥垫、枕头及座垫（品目94.04）；

（6）儿童用的室内或室外玩具帐篷（品目95.03）。

4.2 品目 63.07 其他制成品（兜底条款）

4.2.1 品目 63.07 商品示例

品目 63.07 商品示例见表 4-2。

表 4-2 品目 63.07 商品示例表

中文注释名称	特别提示	英文词典释义（仅供参考）	对应第六十三章子目
擦地布、擦碗布、抹布及类似擦拭用布	不论是否浸有清洁剂，但品目 34.01 或 34.05 的物品除外		6307.1
救生衣及安全带	飞机安全带报验状态如果带金属搭扣，应该按照飞机座椅零件归入第九十四章		6307.2
服装裁剪样			
旗帜、横幅			
家用洗衣袋、鞋囊、袜袋、手帕袋、拖鞋袋、睡衣裤套及类似物品			
服装袋（轻便衣橱）	品目 42.02 所列的物品除外（箱包、旅行用品）	garment bag; portable wardrobe	
汽车、机器、手提箱、网球拍等用的罩套			6307.9
扁平防护罩	以轻质材料为原料仿照油苫布制品的加工方法制成的；品目 63.06 的油苫布及铺地布除外		
织物制的咖啡过滤袋、冰袋			
擦鞋垫	品目 34.05 的物品除外	polishing pad	
充气软垫	品目 63.06 的野营用品除外		
茶壶保暖罩			
针垫，也叫"针插"			

4 / 第六十三章　其他纺织制成品；成套物品；旧衣着及旧纺织品；碎织物

表4-2　续

中文注释名称	特别提示	英文词典释义（仅供参考）	对应第六十三章子目
鞋靴、妇女紧身胸衣等的端头经嵌套的绑带	端头经嵌套的纺织纱线或绳索构成的带子除外（品目56.09）		6307.9
职业用带（如电工、飞行员、跳伞人员等用的带子）	具有鞍具或挽具特征的带子除外（品目42.01）		
便携式婴儿床、轻便摇篮及类似的携带幼儿用品	婴儿座具（例如，用于挂在轿车座背上的）除外（品目94.01）		
雨伞或阳伞的罩套			
织物做扇面、手携式面罩，织物蒙面	以贵金属为骨架制成的扇子及手携式面罩应归入品目71.13		
用作货物包装的打包布	成品或半成品包装袋除外（品目63.05）		
矩形奶酪包布	未加工完的成匹奶酪包布应作为布匹归类		
雨伞、阳伞、手杖等的饰件；系于剑柄的带结及类似品			
外科医生在手术时所戴的织物面罩	例如，医用外科口罩		
防尘、隔味口罩	例如，普通口罩		
非作服饰用的玫瑰花结	例如，作为比赛获胜奖励的大红花		
纺织物片，准备用于制衣，但还未加工成服装或服装零件的	例如，缝边或形成领口		
关节（例如，膝、踝、肘或腕）或肌肉（例如，大腿肌肉）承托物品	用于体育活动的板球护垫、护胫、护膝及其他防护物品除外（品目95.06）		
贴于乳房下部，以塑造胸形的无纺织物			

4.2.2 排他条款

本品目不包括第六十三章或第五十六章至第六十二章各品目已具体列名的纺织品，也不包括下列物品：

(1) 各种动物用的鞍具及挽具（品目 42.01）；

(2) 旅行用品（旅行箱、背囊等）、购物袋、盥洗品盒等以及所有品目 42.02 的类似容器；

(3) 印刷品（第四十九章）；

(4) 品目 58.07、61.17 或 62.17 的标签、徽章及类似物品；

(5) 针织的头带（品目 61.17）；

(6) 品目 63.05 的包装用袋；

(7) 第六十四章的鞋靴、鞋靴零件（包括活动鞋垫）及其他物品（绑腿、鞋罩、护腿等）；

(8) 第六十五章的帽类及其零、配件；

(9) 雨伞及阳伞（品目 66.01）；

(10) 人造花、叶或果实及其部分品，以及以这类货品制成的物品（品目 67.02）；

(11) 充气舟、筏及其他船艇（品目 89.03）；

(12) 量尺（品目 90.17）；

(13) 表带（品目 91.13）；

(14) 第九十五章的玩具及游戏、娱乐用品等；

(15) 拖把（品目 96.03）、手筛（品目 96.04）及粉扑（品目 96.16）；

(16) 品目 96.19 的卫生巾（护垫）及卫生棉条、婴儿尿布及尿布衬里和类似品。

4.3 品目 63.08 零售包装成套物品

4.3.1 品目 63.08 主要包括的商品

本品目的成套物品由机织物及纱线组成，不论是否带配件，用于缝绣在小地毯、装饰毯、绣花台布、餐巾或类似纺织品上。

它们至少由一幅机织物（例如，不论是否印有刺绣图样的网形粗布）与不论是否裁成一定长度的纱线（绣花丝线、毯绒纱线等）组成。这些物品也可以带有如针、钩之类的附件。

上述机织物可呈任何形状，还可经过某些加工（例如，用于制造手工针绣嵌花装饰毯的镶边网形粗布）。但必须注意，这类机织物应保持原材料特征，仍需进一步加工，不得是无须作任何加工即可使用的"制成品"（例如，准备用一些刺绣图案装饰的缝边台布）。

还须注意，归入本品目的成套物品报验时必须是零售包装的。

4.3.2 排他条款

不论是否裁剪成形，用于制造服装的成套机织物，这类物品应归入其各自所属的适当品目中。

4.4 品目 63.09、63.10 旧衣着及旧纺织品；碎织物

4.4.1 品目 63.09、63.10 主要包括的商品

1. 品目 63.09 主要包括的商品
（1）纺织材料制品：
①衣着和衣着附件及其零件；
②毯子及旅行毯；
③床上、餐桌、盥洗及厨房用的织物制品；
④装饰用织物制品。

（2）用除石棉以外其他任何材料制成的鞋帽类。

上述（1）、（2）物品只有同时符合下列两个条件才能归入本品目：必须明显看得出穿用过；必须以散装、捆装、袋装或类似的大包装形式报验。

2. 品目 63.10 主要包括的商品

（1）碎纺织物（包括针织物、钩编织物、毡呢或无纺织物）。这类物品包括不能再清洁或修补的旧损、脏污、破碎的装饰物、衣着或其他旧纺织品，以及新织物的小碎料（例如，裁缝时剪裁下的碎料）。

（2）用过或未用过的废线、绳、索或缆（例如，在线、绳、索、缆及其制品的制造过程中产生的废料），以及旧线、绳、索或缆和这类材料的破旧制品。

归入本品目的这些产品必须是旧损、脏污、破碎或小片状的。

品目 63.10 所称"经分拣的"产品，是指已根据某些标准进行分类的产品，或已按不同种类的纺织产品（例如，同一性质或同一纺织材料的货品、同一纺织材料的绳、同一颜色的新的裁剪碎料）分类的产品。

4.4.2 排他条款

1. 品目 63.09 不包括：

（1）织造、印染等过程产生有疵点的新衣物及在商店弄脏的衣服（按新衣服归）；

（2）第五十七章或品目 58.05 的装饰品（地毯及其他纺织铺地制品，例如，"开来姆"、"苏麦克"、"卡拉马尼"和其他类似的手织地毯及装饰毯），即使是明显看得出已经用旧的，不论其为何种包装；

（3）第九十四章，特别是品目 94.04 的物品（弹簧床垫；装有弹簧或内部填塞、衬垫的寝具及类似用品，例如，褥垫、棉被、羽绒被、靠垫、坐垫、枕头），不论其新旧程度及包装如何；

（4）石棉制鞋靴及帽类；

（5）旧包装、旧油苫布、旧帐篷及旧野营用品，这些物品应按新物品的相应品目进行归类。

2. 品目 63.10 不包括：

（1）其他纺织废碎料及下脚料。主要有：

①在生产针织物或钩编织物过程中产生的缠结纱、拆散破旧针织品或钩编织品而得的缠结纱；

②任何其他纺织纱线或纤维的废料或下脚料（包括从旧褥垫、坐垫、床罩等的填塞料所得的）；

③回收纤维。

以上物品应归入第五十章至五十五章的有关"废料"或"回收纤维"的品目中。

（2）在织造、印染过程中产生有疵点但不符合以上条件的织物，这些织物应按相应的新织物归入有关品目。

4.5 其他纺织制成品；成套物品；旧衣着及旧纺织品；碎织物归类思维导图

其他纺织制成品；成套物品；旧衣着及旧纺织品；碎织物归类思维导图如下。

5

第六十四、六十五章
鞋靴、帽类

5.1 鞋靴

5.1.1 鞋靴的基本知识

鞋类是穿在脚上、保护脚不受伤的一种便于走路的工具。

靴是鞋类的一种，穿着于脚上并最少掩盖脚掌、足踝，可伸展至小腿甚至膝盖。靴可有各种不同的高度、颜色、物料及样式，大部分有明显的鞋跟。

一般来说，鞋由外底、鞋面（鞋帮）、鞋垫、鞋跟等部分构成。

外底是指鞋靴穿着时与地面接触的部分（附加后跟除外）。运动鞋靴通常采用复合鞋底，按构造分为大底（外底）、中底、内底。大底（外底）主要起防滑耐磨作用，中底提供稳定性、缓冲和回弹，内底作用为吸汗、快干、防菌。

鞋面是鞋（靴）底部之上的部分。在外底及鞋面之间的界线难以区分的情况下，鞋面应包括鞋子覆盖脚侧及脚背的那部分。

鞋垫具有保持鞋内底清洁、覆盖内底的凹凸不平，以改善脚感的作用。通常的男鞋用内底后半截垫或后跟垫，女鞋用覆盖内底的全垫。

鞋跟与鞋底的最大区别在于，鞋底作为单一部件使用在鞋子上，鞋跟则需要配合鞋底来使用，一般的男女士皮鞋都会用到鞋跟，脚后跟下方有单独高度的鞋部件即为鞋跟。男士皮鞋的鞋跟一般 2 厘米左右，女士皮鞋的鞋跟则可高达 10 厘米以上。

第六十四章所说的鞋靴，通常包括品目 64.01 至 64.05 所列的各种类型的鞋靴（包括套鞋），不论其形状及尺寸如何或其式样是否适于专门用途，也不论其制造方法如何和用何种材料制成。

5.1.2 鞋靴的归类原则

1. 鞋靴的归类思路

第六十四章包括的鞋靴可用除石棉以外的任何材料制成（橡

胶、皮革、塑料、木材、软木、包括毡呢及无纺织物在内的纺织品、毛皮、编织材料等），还可带有任何比例的第七十一章所列材料。但在第六十四章范围内，鞋靴要按构成其外底及鞋面的材料分别归入品目64.01至64.05。

在归类确定外底的材料时，应以与地面接触最广的那种外底材料为准。不考虑部分鞋靴底部所附的配件或加固件。这些配件或加固件包括防滑钉、马蹄掌、鞋钉、护掌或类似附属件［包括一层薄的植绒织物（例如，用于形成一种图案）或适用于鞋底但不嵌入鞋底的可拆卸纺织材料］。

在归类确定鞋面的材料时，按占表面面积最大的那种材料归类。计算面积时可不考虑附件及加固件，例如，护踝、防护性或装饰性的条或边、其他饰物（例如，穗缨、绒球或编带）、扣子、拉襻、鞋眼、鞋带或拉链。任何作衬里的材料对归类没有影响。

根据章注三，第六十四章所称"橡胶"及"塑料"，包括能用肉眼辨别出其外表有一层橡胶或塑料的机织物或其他纺织产品，橡胶或塑料仅引起颜色变化的不计在内。因此，鞋面材质为人造革（用塑料浸渍、涂布、包覆或层压的纺织物）的应按塑料制鞋面归入品目64.02。

"皮革"指品目41.07及41.12至41.14的货品，不包括带毛生皮或已鞣的带毛皮张，也不包括以皮革或皮革纤维为基本成分的再生皮革。

2. 排他条款

（1）纺织材料制的鞋靴，没有用粘、缝或其他方法将外底固定或安装在鞋面上的（第十一类）。

（2）明显穿用旧的鞋靴，报验时呈散装、大包装、大袋装或类似包装的（品目63.09）。

（3）石棉鞋靴（品目68.12）。

（4）矫形鞋靴（品目90.21）。

（5）玩具鞋及装有冰刀或轮子的滑冰鞋、护胫或类似的运动防护物品（第九十五章）。

3. 其他需要注意的归类点

（1）品目64.03项下过踝的鞋靴（Covering the ankle）。以能否过小腿区分（Covering the calf），子目6403.5191、6403.5199、6403.9191、6403.9199为过小腿的鞋靴，子目6403.5900、6403.9900为未过踝的鞋靴。

（2）第六十四章所列的"运动鞋靴"，仅适用于：带有或可装鞋底钉、止滑柱、夹钳、马蹄掌或类似品的体育专用鞋靴；滑冰靴、滑雪靴及越野滑雪用鞋靴、滑雪板靴、角力靴、拳击靴及赛车鞋。

（3）品目64.06所称"零件"，不包括鞋钉、护鞋铁掌、鞋眼、鞋钩、鞋扣、饰物、编带、鞋带、绒球或其他装饰带（应分别归入相应品目）及品目96.06的纽扣或其他货品。

5.1.3 鞋靴归类思维导图

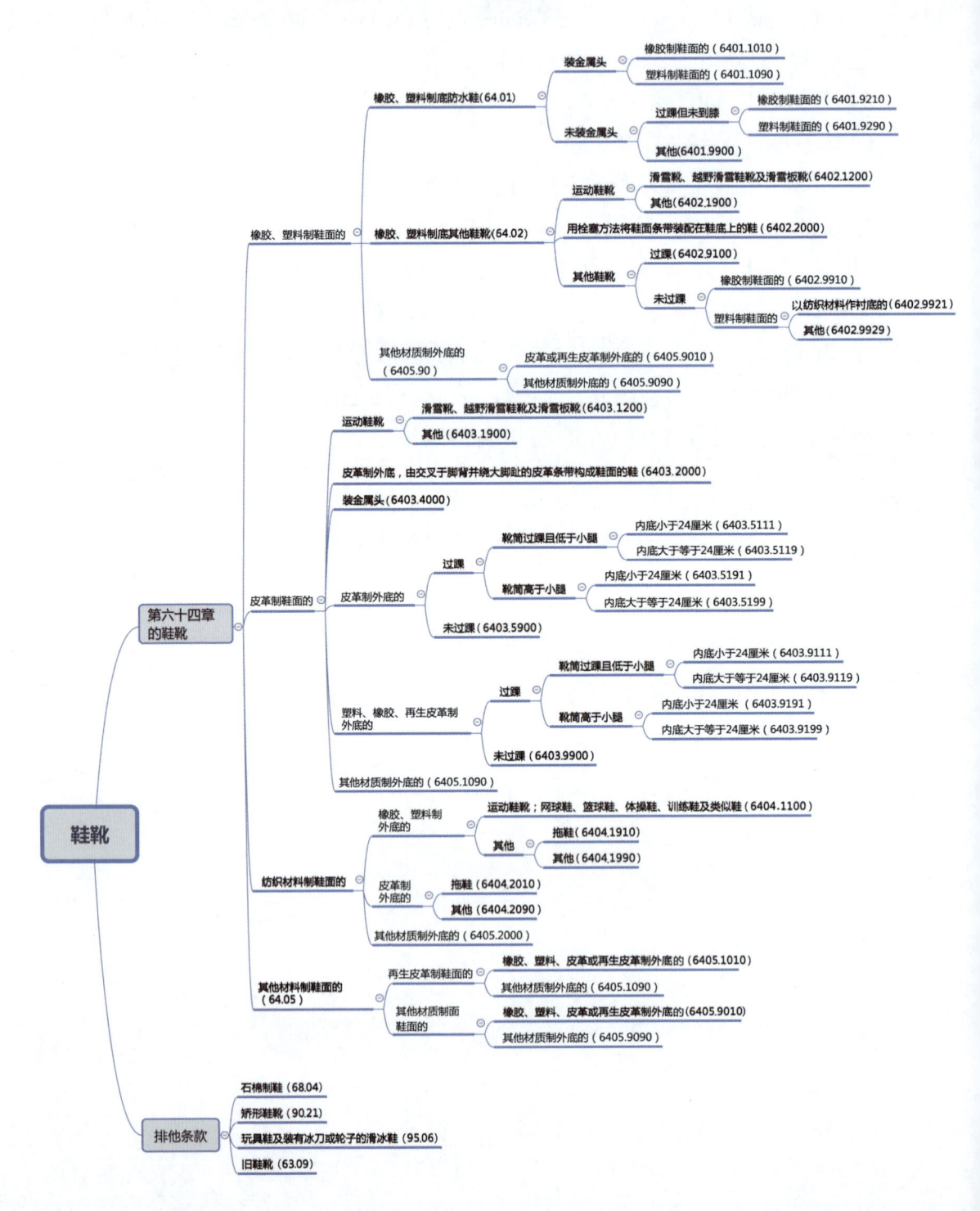

鞋靴

- **第六十四章的鞋靴**
  - **橡胶、塑料制鞋面的**
    - **橡胶、塑料制底防水鞋(64.01)**
      - 装金属头
        - 橡胶制鞋面的（6401.1010）
        - 塑料制鞋面的（6401.1090）
      - 未装金属头
        - 过踝但未到膝
          - 橡胶制鞋面的（6401.9210）
          - 塑料制鞋面的（6401.9290）
        - 其他（6401.9900）
    - **橡胶、塑料制底其他鞋靴(64.02)**
      - 运动鞋靴
        - 滑雪靴、越野滑雪鞋靴及滑雪板靴（6402.1200）
        - 其他（6402.1900）
      - 用栓塞方法将鞋面条带装配在鞋底上的鞋（6402.2000）
      - 其他鞋靴
        - 过踝（6402.9100）
        - 未过踝
          - 橡胶制鞋面的（6402.9910）
          - 塑料制鞋面的
            - 以纺织材料作衬底的（6402.9921）
            - 其他（6402.9929）
    - 其他材质制外底的（6405.90）
      - 皮革或再生皮革制外底的（6405.9010）
      - 其他材质制外底的（6405.9090）
  - **皮革制鞋面的**
    - **皮革制外底的**
      - 运动鞋靴
        - 滑雪靴、越野滑雪鞋靴及滑雪板靴（6403.1200）
        - 其他（6403.1900）
      - 皮革制外底，由交叉于脚背并绕大脚趾的皮革条带构成鞋面的鞋（6403.2000）
      - 装金属头（6403.4000）
      - 过踝
        - 靴筒过踝且低于小腿
          - 内底小于24厘米（6403.5111）
          - 内底大于等于24厘米（6403.5119）
        - 靴筒高于小腿
          - 内底小于24厘米（6403.5191）
          - 内底大于等于24厘米（6403.5199）
      - 未过踝（6403.5900）
    - **塑料、橡胶、再生皮革制外底的**
      - 过踝
        - 靴筒过踝且低于小腿
          - 内底小于24厘米（6403.9111）
          - 内底大于等于24厘米（6403.9119）
        - 靴筒高于小腿
          - 内底小于24厘米（6403.9191）
          - 内底大于等于24厘米（6403.9199）
      - 未过踝（6403.9900）
    - 其他材质制外底的（6405.1090）
  - **纺织材料制鞋面的**
    - 橡胶、塑料制外底的
      - 运动鞋靴；网球鞋、篮球鞋、体操鞋、训练鞋及类似鞋（6404.1100）
      - 其他
        - 拖鞋（6404.1910）
        - 其他（6404.1990）
    - 皮革制外底的
      - 拖鞋（6404.2010）
      - 其他（6404.2090）
    - 其他材质制外底的（6405.2000）
  - **其他材料制鞋面的(64.05)**
    - 再生皮革制鞋面的
      - 橡胶、塑料、皮革或再生皮革制外底的（6405.1010）
      - 其他材质制外底的（6405.1090）
    - 其他材质制面鞋的
      - 橡胶、塑料、皮革或再生皮革制外底的（6405.9010）
      - 其他材质制外底的（6405.9090）
- **排他条款**
  - 石棉制鞋（68.04）
  - 矫形鞋靴（90.21）
  - 玩具鞋及装有冰刀或轮子的滑冰鞋（95.06）
  - 旧鞋靴（63.09）

5.2 帽类及零件

5.2.1 帽类的基本知识

帽子是戴在头部的服饰，多数可以覆盖头的整个顶部，主要用于保护头部。部分帽子会有突出的边缘，可以遮盖阳光。帽子可作打扮之用，也可以用来保护发型、遮盖秃头，或者是作为制服或宗教服饰的一部分。第六十五章包括帽型、帽坯、帽身及帽兜，以及各种各样的帽子，不论其用何种材料制成及用途如何（日用、戏剧用、化妆用、防护用等）。

5.2.2 帽类的归类原则

1. 帽类的归类思路

第六十五章的帽子分为帽坯、帽身及帽兜（品目 65.01、65.02）和成品帽（品目 65.04、65.05、65.06）。

其中品目 65.01 为毡呢制的帽坯、帽身及帽兜，未楦制成形，也未加帽边；毡呢制的圆帽片及制帽用的毡呢筒（包括裁开的毡呢筒）。对应的成品帽应归入子目 6505.0091 项下。

品目 65.02 为编结的帽坯或用任何材料的条带拼制而成的帽坯，未楦制成形，也未加帽边、衬里或装饰物。对应的成品帽应归入品目 65.04 项下。

品目 65.05 为针织或钩编的帽类，用成匹的花边、毡呢或其他纺织物（条带除外）制成的帽类，不论有无衬里或装饰物；任何材料制成的发网，不论有无衬里或装饰物。

品目 65.06 为除品目 65.04 和品目 65.05 以外的第六十五章其他帽类。包括安全帽（例如，体育用帽、军事或消防员用的头盔、摩托车驾驶员、矿工或建筑工人用的头盔），不论是否装有防护垫或（对于某些头盔）装有话筒或耳机；橡胶或塑料制的帽类（例如，女子游泳帽、兜帽）；皮革或再生皮革制的帽类；毛皮或人造毛皮制的帽类；羽毛或人造花制的帽类；金属制的帽类。

2. 排他条款

（1）动物用的帽类（品目42.01）。

（2）披巾、围巾、披纱、面纱及类似品（品目61.17或62.14）。

（3）明显穿戴过的帽类，报验时呈散装、大包装、大袋装或类似包装的（品目63.09）。

（4）假发及类似品（品目67.04）。

（5）石棉制的帽类（品目68.12）。

（6）玩偶帽、其他玩具帽或狂欢节用品（第九十五章）。

（7）未装于帽上的各种帽子装饰物（扣子、别针、徽章、羽毛、人造花等）（归入适当的品目）。

3. 其他需要注意的归类点

（1）品目65.02所列未楦制的帽坯如果加有衬里或装饰物时，则作为帽子归入品目65.04项下。

（2）用于披肩、斗篷等可分开的兜帽，如与有关服装一同报验的，不应归入本品目，而应根据服装的材料归类。

（3）品目65.07仅包括下列用于帽类的配件：

①装在帽顶里边的帽圈，只有切成一定长度或经其他加工制成即可装于帽子之上的帽圈，才可归入本品目；

②帽衬及帽衬零件，一般印有制帽厂商的名称。应当注意，用于附在帽顶内部等的标签不归入本品目；

③帽套；

④帽帮，可用坚挺织物（例如，硬衬布）、纸板、铸纸品、软木、木髓、金属等制得；

⑤帽骨架，例如，金属丝骨架（有时用纺织材料或其他材料螺旋缠绕）及夜礼帽用的弹簧骨架；

⑥帽舌，主要用于遮光的帽檐如装在任何形式的帽类（皇冠件）上的，应按帽类归类，否则应按其构成材料归类；

⑦帽颏带，它们通常制成可调式，可按需要的长度进行调整，本品目仅包括即可装于帽上的帽颏带。

5.2.3 帽类归类思维导图

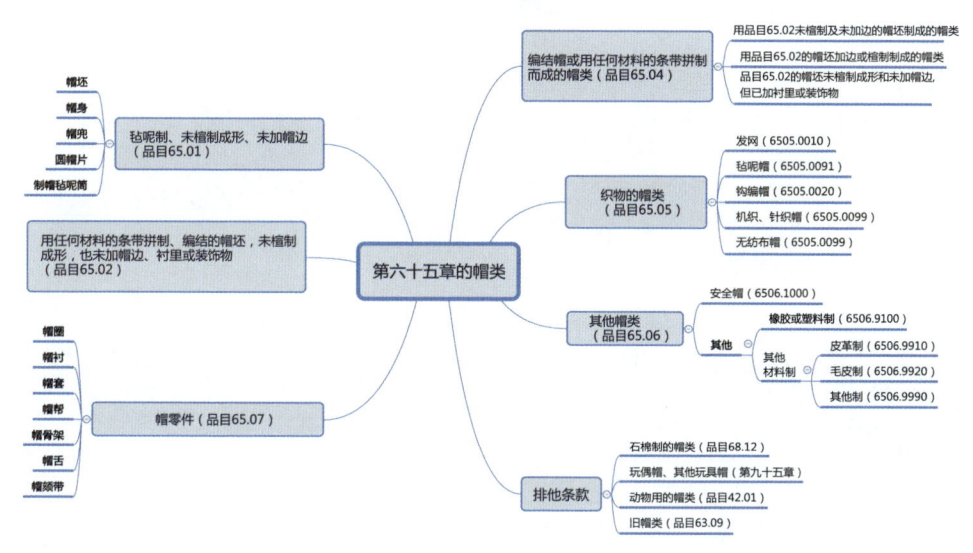

第六十五章的帽类：

- 毡呢制、未楦制成形、未加帽边（品目65.01）
  - 帽坯
  - 帽身
  - 帽兜
  - 圆帽片
  - 制帽毡呢筒

- 用任何材料的条带拼制、编结的帽坯，未楦制成形，也未加帽边、衬里或装饰物（品目65.02）

- 编结帽或用任何材料的条带拼制而成的帽类（品目65.04）
  - 用品目65.02未楦制及未加边的帽坯制成的帽类
  - 用品目65.02的帽坯加边或楦制成的帽类
  - 品目65.02的帽坯未楦制成形和未加帽边，但已加衬里或装饰物

- 织物的帽类（品目65.05）
  - 发网（6505.0010）
  - 毡呢帽（6505.0091）
  - 钩编帽（6505.0020）
  - 机织、针织帽（6505.0099）
  - 无纺布帽（6505.0099）

- 其他帽类（品目65.06）
  - 安全帽（6506.1000）
  - 其他
    - 橡胶或塑料制（6506.9100）
    - 其他材料制
      - 皮革制（6506.9910）
      - 毛皮制（6506.9920）
      - 其他制（6506.9990）

- 帽零件（品目65.07）
  - 帽圈
  - 帽衬
  - 帽套
  - 帽帮
  - 帽骨架
  - 帽舌
  - 帽颏带

- 排他条款
  - 石棉制的帽类（品目68.12）
  - 玩偶帽、其他玩具帽（第九十五章）
  - 动物用的帽类（品目42.01）
  - 旧帽类（品目63.09）

6

第六十六章 雨伞、阳伞、手杖、鞭子、马鞭及其零件

6.1 易混淆商品名词解释及材质要求

6.1.1 易混淆商品名词解释

1. 折叠伞

英文释义（仅供参考）：a kind of umbrella which have a telescopic shaft.

2. 手杖

（1）手杖（walking sticks）

英文释义（仅供参考）：a walking stick is a device used to facilitate walking, for fashion, or for defensive reasons.

（2）拐杖及拐棍（crutches）

英文释义（仅供参考）：one of two long sticks that you put under your arms to help you walk after you have injured your leg or foot.

6.1.2 材质要求

1. 品目66.01可用各种材料制成。伞柄可用贵金属、包贵金属、宝石等制成。

2. 品目66.02可用各种材料制成。可镶有贵金属或包贵金属、宝石，还可全部或部分用皮革或其他材料包覆。

3. 品目66.03不包括纺织材料制的零件、附件及装饰品，以及任何材料制的罩套、穗缨、鞭梢、伞套及类似品。除此之外，归入本品目的零、附件等可不考虑其构成的材料（包括用贵金属、包贵金属、天然、合成或再造的宝石或半宝石制成的）。

6.2 雨伞、阳伞、手杖、鞭子、马鞭及其零件商品示例

雨伞、阳伞、手杖、鞭子、马鞭及其零件商品示例见表6-1。

表6-1 雨伞、阳伞、手杖、鞭子、马鞭及其零件商品示例表

中文注释名称	英文原文名称	英文词典释义（仅供参考）	对应第六十六章品目/子目	图片示例
庭园用伞及类似伞	garden umbrellas	similar umbrella; ceremonial umbrella, umbrella tent, café、market umbrella	6601.10	
非手持折叠伞			6601.10	
折叠伞		a kind of umbrella which have a telescopic shaft	6601.91	
带座手杖	seat-sticks	with handles designed to open out to form a seat	66.02	
手杖	walking-sticks	a device used to facilitate walking, for fashion, or for defensive reasons	66.02	
拐杖	crutches	one of two long sticks that you put under your arms to help you walk after you have injured your leg or foot	90.21	

表6-1 续

中文注释名称	英文原文名称	英文词典释义（仅供参考）	对应第六十六章品目/子目	图片示例
马鞭	riding-crops		66.02	
鞭子	whips			

6.3 排他条款

1. 品目66.01不包括：

（1）伞套及类似品，不论是否一同报验，但未套在伞上（它们应归入适当品目）；

（2）不具有伞或伞式帐篷特征的海滩帐篷（品目63.06）；

（3）第九十五章的物品（例如，玩具雨伞、玩具阳伞）。

2. 品目66.02不包括：

（1）丈量用杖、测量杆及类似品（品目90.17）；

（2）拐杖及拐棍（品目90.21）；

（3）火器手杖、刀剑手杖、灌铅手杖及类似品（第九十三章）；

（4）第九十五章的物品（例如，高尔夫球棒、曲棍球杆、滑雪杖、登山用破冰斧）。

3. 品目66.03不包括：

（1）手杖半成品（参见品目66.02的注释）；

（2）伞骨及撑杆用的仅切割成一定长度的钢铁管及钢铁型材（第七十二章或第七十三章）；

（3）纺织材料制的零件、附件及装饰品或者任何材料制的罩套、流苏、鞭梢、伞套（品目63.07）及类似品，此类货品即使与品目 66.01 或 66.02 的物品一同报验，只要未装配在一起，则不应视为上述品目所列物品的组成零件，而应分别归入各有关品目。

6.4　雨伞、阳伞、手杖、鞭子、马鞭及其零件归类思维导图

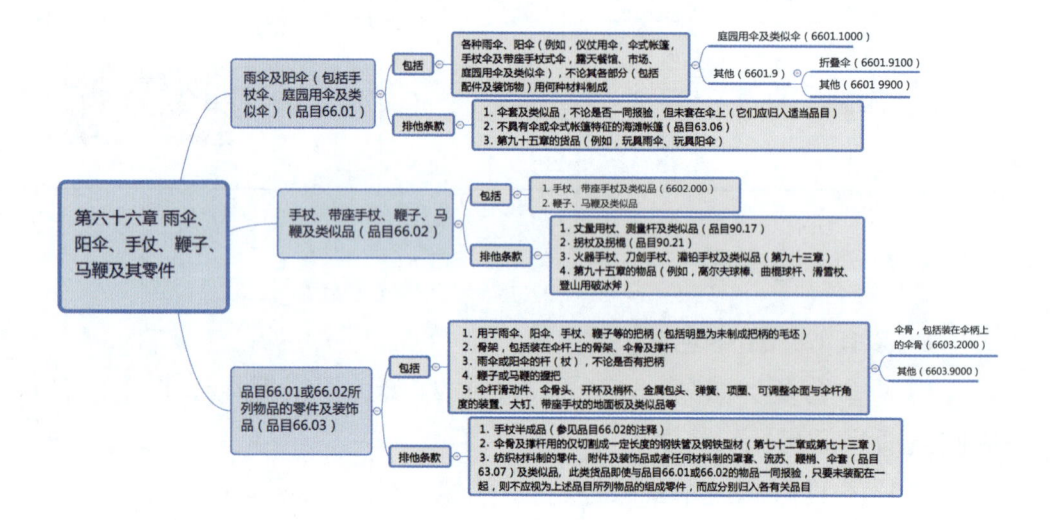

```
第六十六章 雨伞、
阳伞、手杖、鞭子、
马鞭及其零件
├── 雨伞及阳伞（包括手杖伞、庭园用伞及类似伞）（品目66.01）
│   ├── 包括：各种雨伞、阳伞（例如，仪仗用伞、伞式帐篷、手杖伞及带座手杖式伞、露天餐馆、市场、庭园用伞及类似伞），不论其各部分（包括配件及装饰物）用何种材料制成
│   │   ├── 庭园用伞及类似伞（6601.1000）
│   │   └── 其他（6601.9）
│   │       ├── 折叠伞（6601.9100）
│   │       └── 其他（6601 9900）
│   └── 排他条款：
│       1. 伞套及类似品，不论是否一同报验，但未套在伞上（它们应归入适当品目）
│       2. 不具有伞或伞式帐篷特征的海滩帐篷（品目63.06）
│       3. 第九十五章的货品（例如，玩具雨伞、玩具阳伞）
├── 手杖、带座手杖、鞭子、马鞭及类似品（品目66.02）
│   ├── 包括：
│   │   1. 手杖、带座手杖及类似品（6602.000）
│   │   2. 鞭子、马鞭及类似品
│   └── 排他条款：
│       1. 丈量用杖、测量杆及类似品（品目90.17）
│       2. 拐杖及拐橇（品目90.21）
│       3. 火器手杖、刀剑手杖、灌铅手杖及类似品（第九十三章）
│       4. 第九十五章的物品（例如，高尔夫球棒、曲棍球杆、滑雪杖、登山用破冰斧）
└── 品目66.01或66.02所列物品的零件及装饰品（品目66.03）
    ├── 包括：
    │   1. 用于雨伞、阳伞、手杖、鞭子等的把柄（包括明显为未制成把柄的毛坯）
    │   2. 骨架，包括装在伞杆上的骨架、伞骨及撑杆
    │   3. 雨伞或阳伞的杆（杖），不论是否有把柄
    │   4. 鞭子或马鞭的鞭把
    │   5. 伞杆滑动件、伞骨头、开杯及梢杯、金属包头、弹簧、项圈、可调整伞面与伞杆角度的装置、大钉、带座手杖的地面板及类似品等
    │   ├── 伞骨，包括装在伞柄上的伞骨（6603.2000）
    │   └── 其他（6603.9000）
    └── 排他条款：
        1. 手杖半成品（参见品目66.02的注释）
        2. 伞骨及撑杆用的仅切割成一定长度的钢铁管及钢铁型材（第七十二章或第七十三章）
        3. 纺织材料制的零件、附件及装饰品或者任何材料制的罩套、流苏、鞭梢、伞套（品目63.07）及类似品，此类货品即使与品目66.01或66.02的物品一同报验，只要未装配在一起，则不应视为上述品目所列物品的组成零件，而应分别归入各有关品目
```

7

第六十七章 已加工羽毛、羽绒及其制品；人造花；人发制品

7.1 品目 67.01

7.1.1 品目 67.01 主要包括的商品

1. 羽管用金属丝或其他材料捆绑用于妇女头饰基座等的单根羽毛，也可以是由单根羽毛件组合而成的物品。
2. 拼装成簇的羽毛以及用胶或其他方法固定在纺织物或其他基底之上的羽毛或羽绒。
3. 用带羽毛或羽绒的鸟体或部分鸟体制成的装饰品，用于制帽子、围巾、披肩、斗篷、衣眼或衣着附件的其他制品。
4. 装饰性羽毛制成的扇子，其扇骨可用任何材料制成。但用贵金属制成扇骨的扇子应归入品目 71.13。

7.1.2 排他条款

1. 羽毛或羽绒制的鞋靴（第六十四章）。
2. 羽毛或羽绒制的帽类（第六十五章）。
3. 品目 67.02 的人造花、叶及其部分品，以及它们的制成品。
4. 羽毛或羽绒仅在其中作为填充料或衬垫物的寝具等（品目 94.04）。
5. 第九十五章的物品（例如，羽毛球、羽毛镖或钓鱼浮子）。
6. 已加工的羽管及羽轴（例如，牙签，品目 96.01），羽毛掸帚（品目 96.03）以及用于施敷脂粉或化妆品的羽绒粉扑及粉拍（品目 96.16）。
7. 收藏品（品目 97.05）。
8. 羽毛或羽绒仅作为饰物或填充料的衣服或衣着附件。

7.2　品目 67.02

7.2.1　品目 67.02 主要包括的商品

1. 用各种零件组装（通过捆扎、胶粘、相互装镶或类似方法组装）制得，形状酷似天然产品的人造花、叶及果实。还包括按人造花等相同的制作方法制成的人造花、叶或果实形状的传统艺术品。

2. 人造花、叶或果实的零件（例如，雌蕊、雄蕊、子房、花瓣、花萼、叶及茎）。

3. 用人造花、叶及果实制成的物品（例如，花束、花环、花圈、植物）及用人造花、叶或果实制得的装饰或观赏用的其他物品。

本品目包括用大头针或其他小紧固件固定的人造花、叶或果实。

本品目的物品主要用作装饰（例如，在住宅或教堂内装饰）或作为帽、衣着等的饰物。

这些物品可由纺织材料、毡呢、纸、塑料、橡胶、皮革、金属箔片、羽毛、贝壳或其他动物质材料等制成。

7.2.2　排他条款

1. 品目 06.03 或 06.04 的天然花、叶（例如，染色、涂银色或金色的）。

2. 花边、刺绣品或其他纺织物制成的花卉图案，尽管它们可用作衣着的装饰物，却不是以人造花制作方法制成的［即将各种零件（花瓣、雄蕊、茎等）用金属丝、纺织材料、纸、橡胶等捆扎，用胶粘合或用类似方法组合而成的］（第十一类）。

3. 人造花或叶制成的帽类（第六十五章）。

4. 玻璃制品（第七十章）。

5. 用陶器、石料、金属、木料或其他材料经模铸、锻造、雕刻、冲压或其他方法整件制成形的人造花、叶或果实；或者用捆扎、胶粘、相互装镶及类似方法以外的其他方法将零件组合而成的人造花、叶或果实。

6. 简单切成一定长度并用纺织材料、纸等包覆，用于制造人造花等的茎的金属丝（第十五类）。

7. 明显作为玩具或狂欢节用品的物品（第九十五章）。

7.3　品目67.03

7.3.1　品目67.03主要包括的商品

1. 经梳理或其他方法加工（例如，稀疏、脱色、染色、成波纹形或卷曲的人发）后用于制须发（例如，制造假发、卷发或假辫）或其他物品的人发。所称"梳理"，包括将每根头发按发根和发梢进行整理。

2. 用于制假发及类似品或玩偶头发的羊毛、其他动物毛（例如，牦牛毛、安哥拉山羊毛、西藏山羊毛）及其他纺织材料（例如，化学纤维）。经加工作上述用途的产品主要有：

（1）通常为羊毛条或其他动物毛条在两条平行的细绳上交织，外观像一缏条的物品。这些物品（称为"绉纱带"）报验时一般有相当的长度，重约1千克。

（2）制成小束的波纹（卷曲）纺织纤维条，每束为14~15米长，重约500克。

（3）用经整体染色的化学纤维对折成簇，在折叠的两端用约2毫米宽的纺织纱线机织编带捆在一起的"纬纱"。这些"纬纱"外观像一长段流苏。

7.3.2　排他条款

1. 经简单洗涤、清洁或按长度分拣（但未按发根和发梢整理）的人发及废人发（品目05.01）。

2. 成团、成丝束状或经纺前加工的羊毛、其他动物毛或其他纺织纤维应归入第十一类。

7.4　品目 67.04

7.4.1　品目 67.04 主要包括的商品

1. 用人发、动物毛或纺织材料制的各种毛发制品。这些制品包括假发、假胡须、假眉毛、假睫毛、假辫子、假卷发、假发髻及类似品。

2. 其他品目未列名的人发制品，特别是人发制的某种轻质机织材料。

7.4.2. 排他条款

1. 品目 59.11 的毛发制滤布。
2. 发网（品目 65.05）。
3. 毛发制的手用筛（品目 96.04）。
4. 玩偶用假发（品目 95.03）。
5. 通常用低档材料和粗劣手工制成的狂欢节用品（品目 95.05）。

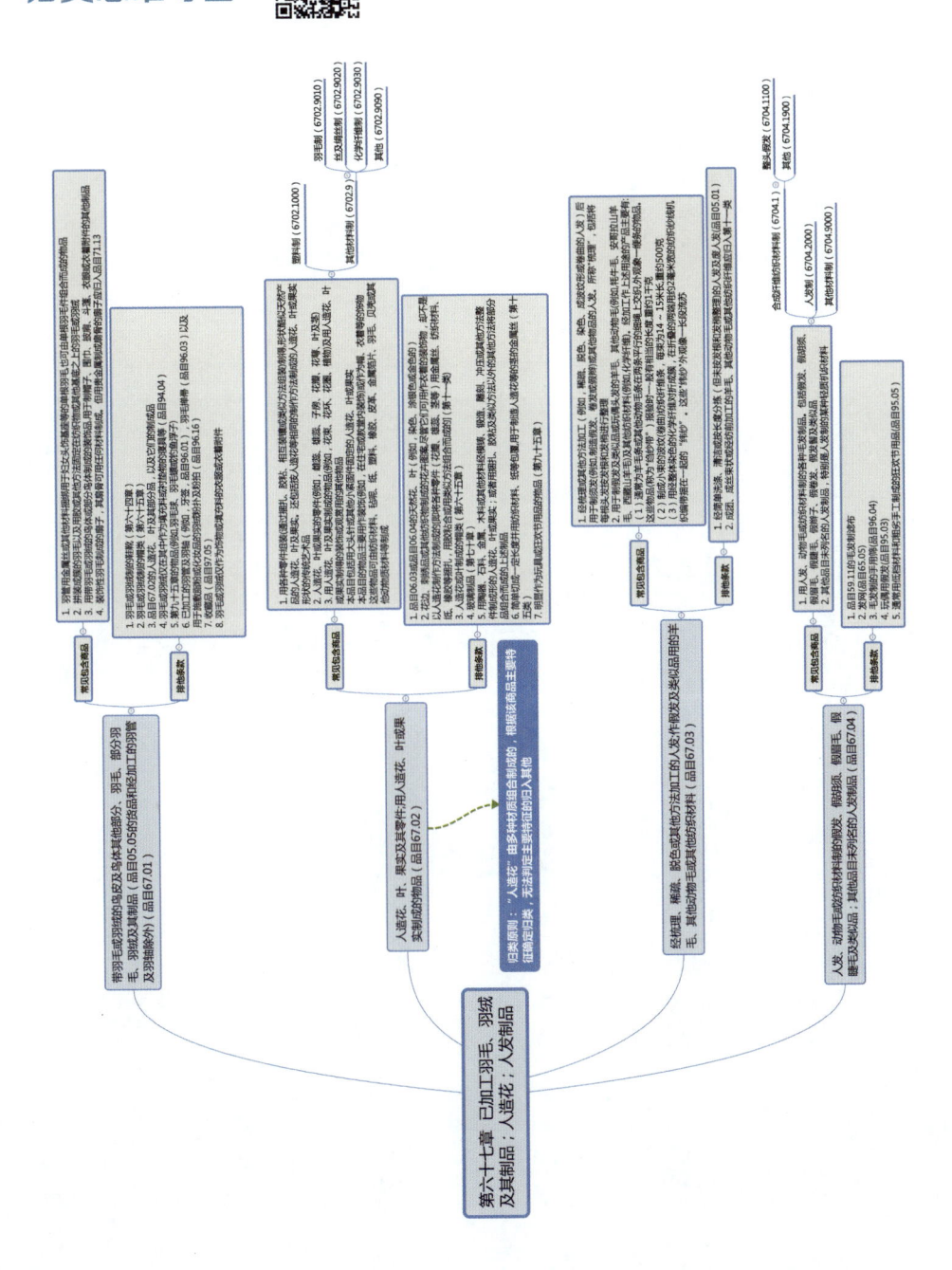

7.5 已加工羽毛、羽绒及其制品；人造花；人发制品归类思维导图

附 录

序号	1	归类决定编号	Z2013-0038	公告编号	2013年第26号
商品税则号列			4202.1290	公告实施日期	2013年6月1日
商品名称	拉杆箱				
英文名称					
其他名称					
商品描述	该商品品牌为FERRAGAMO，型号为F48717034＊＊DB00C9。外观尺寸：50厘米（长）×30厘米（宽）×75厘米（高），箱体面料为棉料。该拉杆箱底部带有滚轮。				
归类决定	根据归类总规则一及六，该商品应归入税则号列4202.1290。				

序号	2	归类决定编号	Z2006-1262	公告编号	2007年第70号
商品税则号列			4202.3200	公告实施日期	2007年12月5日
商品名称	塑料制隐形眼镜盒				
英文名称	Assy-lens case neutral				
其他名称					
商品描述	该商品为塑料制隐形眼镜盒，形状为八字形，两端的圆盒分别存放左眼和右眼的隐形眼镜片。使用方法是将隐形眼镜片分别放置于圆盒中，注入专门的隐形眼镜药水，然后将圆盖拧紧即可，这样浸在药水中的隐形眼镜片可以被消毒后继续使用。该商品通常放置在家中使用，也可于包中随身携带。				
归类决定	隐形眼镜盒属于眼镜盒的一种，根据归类总规则一，塑料制隐形眼镜盒应归入税则号列4202.3200。				

序号	3	归类决定编号	Z2013-0039	公告编号	2013 年第 26 号
商品税则号列		4202.9200		公告实施日期	2013 年 6 月 1 日
商品名称	棉面料制行李袋				
英文名称	Travel bag				
其他名称					
商品描述	该商品品牌为 FERRAGAMO，外观尺寸为 50 厘米（长）×30 厘米（宽）×75 厘米（高）。采用棉面料制，无轮子、无肩带、有手柄，用于旅行时携带大量衣物等。				
归类决定	该商品的外观特征已超出手提包的范畴。因此，根据归类总规则一及六，该商品应归入税则号列 4202.9200。				

序号	4	归类决定编号	Z2006-0372	公告编号	2006 年第 69 号
商品税则号列			6101.2000	公告实施日期	2006 年 11 月 22 日
商品名称	纯棉针织男式夹克				
英文名称					
其他名称					
商品描述	该服装为男式夹克，面料为纯棉针织的，带有衬里，并且是全开襟的，以拉链闭合的。此类衣服的款式有两类：A 类是袖口和下摆都是以罗纹或扣子等形式收紧，拉链由下摆一直拉到领子的最顶端，领子也是收紧的；B 类的袖口和下摆也都是以罗纹或扣子等形式收紧，拉链由下摆一直拉到胸前，领子是翻领，不闭合，不收紧。				
归类决定	根据《税则注释》品目 61.03 的解释，"上衣"应具有与本章章注三（一）及西服外套及短上衣相同的特征，但其面料除袖子、贴边或领子外，可由三片或三片以上布料（其中两片为前襟）纵向缝合而成。所谓"本章章注三（一）及西服外套及短上衣"，是指人体上半身穿着的，其前部全开襟，无扣或有扣（拉链除外），长度不超过大腿中部，不适于套在其他外套、上衣之上的服装。 从上述服装款式看，该类服装采用拉链式全开襟款式，因此，不符合品目 61.03 对"上衣"的定义范畴，不能按男式上衣归入税则号列 6103.3200。 该类服装有衬里，袖口和下摆收紧，已具有挡风御寒的基本特征。根据归类总规则一，纯棉针织男式夹克应归入税则号列 6101.2000。				

序号	5	归类决定编号	Z2006-0380	公告编号	2006 年第 69 号
商品税则号列		6104.3200 和 6110.2000		公告实施日期	2006 年 11 月 22 日
商品名称		棉制针织女童上衣			
英文名称					
其他名称					
商品描述		棉制针织女童上衣为有领、长袖、袖口和下摆收紧、全开襟，由前襟两片和后襟一片面料组成的针织全棉女式上衣。共有两款：款式 A 上衣开襟处以拉链闭合，款式 B 上衣开襟处以扣子闭合。			
归类决定		根据品目 61.04 的注释，"上衣"应具有与本章章注三（一）的西服外套及短上衣相同的特征，但其面料除袖子、贴边或领子外，可由三片或三片以上布料（其中两片为前襟）纵向缝合而成。所谓"本章章注三（一）的西服外套或短上衣"，是指人体上半身穿着的，其前部全开襟，无扣或有扣（拉链除外），长度不超过大腿中部，不适于套在其他外套、上衣之上的服装。 从上述服装款式看： 款式 A 女童上衣采用拉链式全开襟款式，因此，不符合品目 61.04 对"上衣"的定义范畴，不能按上衣归入税则号列 6104.3200。根据归类总规则一，该款式 A 女童上衣应归入税则号列 6110.2000。 款式 B 女童上衣开襟处以扣子闭合，因此，符合品目 61.04 对"上衣"的定义范畴，根据归类总规则一，该款式 B 女童上衣应归入税则号列 6104.3200。			

序号	6	归类决定编号	Z2006-0377	公告编号	2006年第69号
商品税则号列			6104.6200 和 6109.1000	公告实施日期	2006年11月22日
商品名称		女式棉制针织粉红套装			
英文名称					
其他名称		女式针织便服套装			
商品描述		女式棉制针织粉红套装实为以35%涤纶和65%棉的针织物作面料（220克/平方米针织棉毛），由一件无领、长袖的T恤衫和一条长裤组成的服装。其中上衣为圆领、前胸印花、衣长约56厘米；长裤裤腰有橡筋和原色布腰带。该服装上下装颜色一致，面料一致，尺寸一致，主要用于沙滩度假休闲穿着。			
归类决定		根据《税则》第六十一章章注三（二）的规定，"便服套装"是指面料相同并作零售包装的成套服装；包括一件人体上半身穿着的服装，但套衫及背心除外，以及一件或两件不同的人体下半身穿着的服装。从服装的款式看，该款的上装为套衫，因此，不符合"便服套装"的定义范畴，不能按便服套装归入税则号列6104.2200。 根据《税则》第十一类类注十三的规定，该款套装应分别归类，套头T恤衫应归入税则号列6109.1000，长裤应归入税则号列6104.6200。			

序号	7	归类决定编号	Z2006-0378	公告编号	2006 年第 69 号
商品税则号列		6104.6200 和 6109.1000		公告实施日期	2006 年 11 月 22 日
商品名称	女式棉制针织紫色套装				
英文名称					
其他名称	女式针织便服套装				
商品描述	女式棉制针织紫色套装是一款由一件紫色棉针织长袖上衣和一条紫色（印花）棉针织长裤组成。其中：上衣为 V 字领套头衫，领边绣花，衣长 65 厘米左右；裤子为印花面料，底色同上衣，裤腰嵌装橡筋。主要用于休闲穿着。				
归类决定	根据《税则》第六十一章章注三（二）的规定，"便服套装"是指面料相同并作零售包装的成套服装：包括一件人体上半身穿着的服装，但套衫及背心除外；以及一件或两件不同的人体下半身穿着的服装。从服装的款式看，该款的上装为套衫，因此，不符合"便服套装"的定义范畴，不能按便服套装归入税则号列 6104.2200。 根据《税则》第十一类类注十三的规定，该款套装应分别归类，套头 T 恤衫应归入税则号列 6109.1000，长裤应归入税则号列 6104.6200。				

序号	8	归类决定编号	Z2006-0373	公告编号	2006 年第 69 号
商品税则号列		6107.9100 和 6108.9100		公告实施日期	2006 年 11 月 22 日
商品名称	男式内衣、女式内衣				
英文名称					
其他名称					
商品描述	男式内衣、女式内衣有两种款式：第一款是一种以 100%棉为面料的双面针织男式上衣，无领、长袖；第二款是一种以棉 75%、涤纶 25%为面料的双面针织女式上衣和裤子（其中：上衣为无领、长袖；裤子为长裤、裤腰嵌装橡筋）。主要用于秋冬季节穿着。				
归类决定	该服装主要用于秋冬季节穿着，较紧身，实为一种紧身的保暖内衣裤，属于品目 61.07、61.08 所指的室内穿着的类似品。根据归类总规则一，第一款男式内衣应归入税则号列 6107.9100，第二款女式内衣应归入税则号列 6108.9100。				

序号	9	归类决定编号	Z2008-0033	公告编号	2008年第76号
商品税则号列			6108.9100	公告实施日期	2008年10月28日
商品名称	女式棉制针织背心、T恤				
英文名称					
其他名称					
商品描述	女式棉制针织背心、T恤为以下两款服装：1. 女式无袖背心，是一件以针织全棉织物为面料，胸口印花，镶有珠片饰物的上衣；2. 女式短袖T恤，是一件以针织全棉织物为面料，无领、无扣、领口无门襟的上衣，主要当睡衣使用。				
归类决定	睡衣类服装是睡眠和家居休息时穿用的服装，一般具有结构简单、衣身宽松、穿着舒适的特征，即面料质地柔软舒适、剪裁宽松、不影响舒适性。从款式和用途看，上述服装质地轻薄，衣身宽松，主要是睡觉时或在家时穿着，且洗标上注明"SLEEPWEAR"的字样，具有睡衣类服装的特征。根据归类总规则一及六，女式棉制针织背心、T恤应按睡衣类服装归入税则号列6108.9100。				

序号	10	归类决定编号	Z2006-0374	公告编号	2006年第69号
商品税则号列			6108.9100和6208.9100	公告实施日期	2006年11月22日
商品名称	棉制女式长袍				
英文名称					
其他名称	女式晨袍				
商品描述	该商品为单件宽松女式长袍，有3种款式：第一款是以棉55%和涤纶45%的梭织印花织物作面料，无领、无袖、前部采用6颗扣式全开襟，左右两个大口袋的服装。第二款是以全棉针织物作面料，无领、短袖、左胸绣花、前部采用2颗扣式半开襟的服装。第三款是以棉80%和涤纶20%的针织法兰绒印花织物作面料，有领、短袖、前部采用拉链式全开襟的服装。上述服装均主要用于做家务时穿着使用。				
归类决定	从上述服装的款式及用途看，由于上述服装主要用于做家务时穿着使用，没有明显用于睡觉时穿着的特征（例如，第三款服装采用拉链式全开襟）。因此，根据归类总规则一，第一款服装应归入税则号列6208.9100，第二款和第三款服装应归入税则号列6108.9100。				

序号	11	归类决定编号	Z2006-0375	公告编号	2006年第69号
商品税则号列	colspan 3	6108.9200	公告实施日期	2006年11月22日
商品名称		针织女式浴袍
英文名称		Robe
其他名称		
商品描述		针织女式浴袍是一件以100%化纤针织起绒织物作面料和以100%棉针织物作衬里的女式长袍，有领，前部全开襟，无纽扣，有束腰带，宽松长袖，左右各有一口袋。为沐浴后穿着使用。
归类决定		浴衣是浴后直接穿在身上，以吸收人体表面大量水分的服装，一般选用柔软而富有弹性并能吸湿的毛圈机织物和针织物制成。该商品符合浴衣的特征，根据归类总规则一，针织女式浴袍应归入税则号列6108.9200。

序号	12	归类决定编号	Z2006-0376	公告编号	2006年第69号
商品税则号列	colspan 3	6109.1000	公告实施日期	2006年11月22日
商品名称		男针织无领T恤
英文名称		
其他名称		
商品描述		男针织无领T恤，外穿式，品牌为BURBERRY，成分为100%棉。
归类决定		根据《税则注释》品目61.09的规定，T恤衫是指针织或钩编的内衣类轻质服装。从该商品的式样、材质看，符合品目61.09的商品范围。根据归类总规则一，男针织无领T恤应归入税则号列6109.1000。

序号	13	归类决定编号	Z2006-0379	公告编号	2006年第69号
商品税则号列			61.10	公告实施日期	2006年11月22日
商品名称	带帽套头衫				
英文名称					
其他名称					
商品描述	带帽套头衫是一种以针织双面起绒织物作面料，无门襟，无衬里，袖口和下摆收紧的带帽子的套头衫。除袖子及帽子外为前后为两整片面料缝合而成，胸前正中缝有一块相同面料的口袋。在口袋上缝有装饰字样。从衣着面料厚度看，适合春秋季节穿着。				
归类决定	根据《税则注释》品目61.01的规定，本品目包括穿着在其他衣服外面用以挡风御寒等的针织或钩编男式服装。由于该服装为套头款式，不具有明显穿着于其他衣服外面的特征，因此，不能按带风帽的防寒短上衣归入品目61.01项下。 套头衫是一种用于人体上半身穿着的针织或钩编服装，无论是否有衣袖、翻领或口袋。通常下摆、袖口或袖孔以贴边、罗纹或其他方式收紧。《税则注释》对套头衫是否能带风帽并没有严格的限制。因此，根据归类总规则一，带帽套头衫应按套头衫归入品目61.10。				

序号	14	归类决定编号	Z2006-1274	公告编号	2007年第70号
商品税则号列			6110.2000	公告实施日期	2007年12月5日
商品名称	棉制针织女式上衣				
英文名称					
其他名称					
商品描述	该棉制针织女式上衣，前部全开襟，拉链闭合，袖口、下摆以罗纹收紧，无衬里，带风帽。面料为棉制双面针织布，质地较为稀疏，可见透孔。				
归类决定	根据归类总规则一，棉制针织女式上衣应归入税则号列6110.2000。				

序号	15	归类决定编号	Z2006-0381	公告编号	2006年第69号
商品税则号列			6110.9090	公告实施日期	2006年11月22日
商品名称	麻棉衫				
英文名称					
其他名称					
商品描述	麻棉衫是一种以55%麻及45%棉毛线，用针织工艺织造的毛线上衣。共有3种款式。第一种为松身、无领、领口半开襟并带有系绳、长袖、袖口及下摆不收紧，灰蓝色；第二种为松身、无领、领口半开襟并带拉链、长袖、袖口及下摆不收紧，粉红色；第三种为较紧身、无领、V形领口、无扣、短袖、袖口及下摆收紧，灰白色。				
归类决定	上述3种服装的款式均属于套头类服装。由于第一款及第二款为宽松形套头衫、开襟，因此不属于毛衫的范畴，应归入税则号列6110.9090；第三款为紧身形套头衫、不开襟，属于毛衫的范畴，应按毛衫归入税则号列6110.9090。				

序号	16	归类决定编号	Z2006-1275	公告编号	2007年第70号
商品税则号列			6203.3200	公告实施日期	2007年12月5日
商品名称	棉制男童牛仔夹克				
英文名称	Boy's denim jacket				
其他名称					
商品描述	棉制男童牛仔夹克是一款以70%棉和30%涤纶的混纺机织物为面料的上衣，有领、不带风帽、开襟、下摆收紧、无衬里。				
归类决定	从该上衣的款式来看，该商品采用单层面料，不带衬里，不具有"防寒短上衣"的带有风帽或带防寒衬里的特征，也不属于防风上衣的商品范畴。根据归类总规则一，棉制男童牛仔夹克应作为其他上衣归入税则号列6203.3200。				

序号	17	归类决定编号	Z2006-0382	公告编号	2006 年第 69 号
商品税则号列			6204.4300	公告实施日期	2006 年 11 月 22 日
商品名称	涤纶布婚纱				
英文名称	Ladies' 100% polyester woven weeding dress				
其他名称					
商品描述	涤纶布婚纱是国际上女性结婚时专用的一种正式礼服。其颜色以米、白色为主，在造型上采用连衣裙形式，加大裙长，使脚不能暴露，而且后身有长的裙摆，也有短的裙摆，衣料主要是涤纶布，上面饰以喱士花或机绣或订珠。				
归类决定	涤纶布婚纱是结婚时专用的连衣裙形式的正式礼服，其布料为涤纶布，应作为合成纤维制连衣裙归入税则号列 6204.4300。				

序号	18	归类决定编号	Z2006-0383	公告编号	2006 年第 69 号
商品税则号列			6208.2100	公告实施日期	2006 年 11 月 22 日
商品名称	女式棉制印花套装				
英文名称					
其他名称	女式便服套装				
商品描述	女式棉制印花套装实为以 100% 棉梭织印花布作面料，由一件长袖上衣和一条长裤组成。其中：长袖上衣为有领、全开襟（4 颗扣）、左上幅有一口袋的服装；长裤裤腰嵌装橡筋。该服装上下装的颜色、面料、尺寸相匹配，衣领、胸前、袖口及裤脚均有红色包边，主要用于休闲穿着。				
归类决定	睡衣裤是一种睡眠和家居休息时穿用的服装，一般尺寸大小、剪裁、面料、颜色、饰品及整理程度完全相匹配，具有宽松的剪裁、穿着舒适以及成套穿着设计等特征。从服装的款式看，该服装符合睡衣裤的特征。因此，根据归类总规则一，女式棉制印花套装应按睡衣裤套装归入税则号列 6208.2100。				

序号	19	归类决定编号	Z2006-1276	公告编号	2007年第70号
商品税则号列			6211.2090	公告实施日期	2007年12月5日
商品名称		男式尼龙/PVC雨衣套装			
英文名称		Snowmobile jacket/Snowmobile pant			
其他名称					
商品描述		男式尼龙/PVC雨衣套装，其面料为75%聚酯、25%聚氯乙烯的混纺纺织物（表面涂布PVC），里布内衬为尼龙，中间夹喷胶棉。其款式为用拉链扣合的带风帽的防风衣及一条过腰的厚长裤组成的套装。			
归类决定		从该产品的面料材质来看，虽然其为涂层织物，但由于肉眼难以辨别其涂层特征，因此根据《税则》第五十九章章注二（一）1及第六十二章章注六的规定，男式尼龙/PVC雨衣套装应作为化纤制滑雪服归入税则号列6211.2090。			

序号	20	归类决定编号	Z2006-0384	公告编号	2006年第69号
商品税则号列			63.04	公告实施日期	2006年11月22日
商品名称		沙发套			
英文名称					
其他名称					
商品描述		沙发面罩，特定成形，与沙发木框架及海绵衬垫等装配为成品沙发，是沙发的构成部件。			
归类决定		沙发套是一种以织物为原料，经过裁剪、车缝，并添加一些小配件，如拉链等而制成，为特定成形的沙发面罩，需与沙发木框架及海绵衬垫等装配为成品沙发。 根据《税则注释》第九十四章总注释规定，品目94.01包括不论是否坯件，但根据其形状或其他特征可确定为专用于或主要用于上述税号所列家具的零件。该商品虽已制成专用于沙发的特定形状，需与沙发框架及垫衬等组合成一体，但由于其可随意拆卸，因此，不能视为沙发不可分割的一部分，不能按坐具零件归入税则号列9401.9090。 该商品属于织物制的家具套，根据归类总规则一，沙发套应归入品目63.04项下。			

序号	21	归类决定编号	Z2006-0385	公告编号	2006 年第 69 号
商品税则号列			6304.9290	公告实施日期	2006 年 11 月 22 日
商品名称	全棉墙饰					
英文名称	100% Patchwork wall hangings					
其他名称						
商品描述	所报商品为两层面料与一层胎料组合制成的被褥状产品，尺寸规格为 86 英寸×86 英寸。其外层面料为小块全棉印花机织物拼接而成，内层面料为单色全棉机织物，中间胎料层（即填充层）为 100% 聚酯纤维。三层材料经绗缝制成，并沿一边缝有三个固定产品用的织物制吊圈，可供挂于墙上装饰用。					
归类决定	从外观上看，该商品可作为床罩或床上装饰品或寝具使用，也可用于墙上装饰，但其一边缝有的三个供固定产品的织物制吊圈，表明其是供挂于墙上装饰用，故根据品目 63.04 条文应将其作为装饰用织物制品归入税则号列 6304.9290。					

序号	22	归类决定编号	Z2006-1277	公告编号	2007 年第 70 号
商品税则号列			6304.9310	公告实施日期	2007 年 12 月 5 日
商品名称	化纤刺绣台布					
英文名称						
其他名称						
商品描述	该化纤刺绣台布有正方形、长方形等多种规格，有绣花及剪裁和抽纱镂空后形成的花纹，为手工制刺绣装饰品，面料为 100% 涤纶平纹布，米黄色。布四角经绣花，布幅中央经手工抽纱镂空形成矩形花纹，主要用于家庭装饰，具有观赏的功能。					
归类决定	根据归类总规则一，化纤刺绣台布应归入税则号列 6304.9310。					

序号	23	归类决定编号	W2023-17	公告编号	2023年第94号
商品税则号列			6305.39	公告实施日期	2023年8月1日
商品名称	被子袋				
其他名称	Quilt bag				
其他名称					
商品描述	被子袋，正面由透明聚乙烯制成（厚度为0.10毫米），其他各面由人造纤维无纺织物（65克/平方米）制成，装有拉链、提手，并以无纺织物（75克/平方米）镶边，用于包装被子供出售。				
归类依据	根据归类总规则一及六归类。				

序号	24	归类决定编号	Z2022-0117	公告编号	2022年第78号
商品税则号列			6307.9090	公告实施日期	2022年9月1日
商品名称	牵引车捆绑器				
英文名称	Ratchet tie down				
其他名称	牵引车牵引器				
商品描述	该商品主要由两只铁板冲制的钩子和一只绞紧器（钩子和绞紧器是高强度钢板冲制而成，经热处理将产品强度提高到10.5级）及8米的聚丙纶带组成的，此产品是用于货车及牵引车上捆绑货物用的。				
归类决定	该商品主要功能是捆绑货物，丙纶带在捆绑中起主要作用，绞紧器和钩子只起辅助作用，根据归类总规则三（二）及六，应归入税则号列6307.9090。				

序号	25	归类决定编号	Z2022-0118	公告编号	2022 年第 78 号
商品税则号列			6307.9090	公告实施日期	2022 年 9 月 1 日
商品名称		魔术贴			
英文名称					
其他名称					
商品描述		该商品为带有魔术搭扣的侧腰贴，具体结构： 1. 白色的无纺布（永久端）； 2. 弹性体； 3. 白色聚丙烯离型胶带； 4. 超级魔术搭扣； 5. 带胶部分； 6. 白色剥离条（包括波浪边）； 7. 覆盖条。 魔术搭扣可与各种类型的圆毛（Loop）配合，提供更佳的剥离性能，其结构为纸尿裤主体提供黏结力。本产品为一次性使用产品，固定在纸尿裤上使用，固定后不再拆下，但可以多次粘贴，裁切后不需要再加工。				
归类决定		该商品中纺织物部分起主要作用，根据归类总规则三（二）及六，应归入税则号列 6307.9090。				

序号	26	归类决定编号	Z2006-0387	公告编号	2006年第69号
商品税则号列			6310.1000	公告实施日期	2006年11月22日
商品名称		破损塑料编织袋			
英文名称		Used pp woven bags			
其他名称					
商品描述		该商品为用过的破损塑料编织袋，塑料扁条最大宽度不超过5毫米。编织袋两侧用蓝色塑料线缝合，上下两端无封口，袋内有内衬塑料袋。进口后不能再作包装货物用，只能用于再造粒回收使用。			
归类决定		该塑料编织袋的塑料扁条最大宽度不超过5毫米。编织袋两侧用蓝色塑料线缝合，上下两端无封口，袋内有内衬塑料袋。 该商品是已使用过、部分破损、进口后不能再作包装货物用的废包装袋，符合《税则注释》中对品目63.10的解释，归入该品目的"这些产品必须是旧损、脏污、破碎或小片状的，它们一般只适用于回收其纤维，以及制造纸张或塑料、抛光材料或者作为工业生产用的揩布"。因此该商品应按破旧织物归入税则号列6310.1000。			

序号	27	归类决定编号	Z2022-0119	公告编号	2022年第78号
商品税则号列			6505.0099	公告实施日期	2022年9月1日
商品名称		无纺布圆帽			
英文名称					
其他名称					
商品描述		无纺布圆帽是以聚丙烯切片为原料，通过熔融、喷丝、牵伸、丝束分丝、成网、热轧加固而制成无纺布后，再通过裁剪、缝制、在边沿穿上橡筋而制成。外观为圆周形，不带花边或装饰物、不带衬里，为医院一次性用品。			
归类决定		根据归类总规则一及六，应归入税则号列6505.0099。			

序号	28	归类决定编号	Z2009-0108	公告编号	2009 年第 32 号
商品税则号列			6602.0000	公告实施日期	2009 年 6 月 12 日
商品名称		木质手杖			
英文名称		Walking stick（wood）			
其他名称					
商品描述		木质手杖是一种以木质材料为杖杆，一端为手柄，另一端为嵌有金属材料的尖锐状利器，型号为 B6700，用于在户外行走登山时起辅助用途。			
归类决定		该商品不具备《税则》品目 93.07 的特征，根据归类总规则一，应归入税则号列 6602.0000。			

序号	29	归类决定编号	W2020-033	公告编号	2020 年第 108 号
商品税则号列			4202.12	公告实施日期	2020 年 10 月 1 日
商品名称		便携式塑料公文包			
英文名称		Portable document case of plastics			
其他名称					
商品描述		便携式塑料公文包，具有多个内袋，前锁（扣）和把手。外部的边缘经镶边加固。本产品用于分类、存放和携带文件、纸张、档案等，可供长期使用。			
归类依据		根据归类总规则一及六归类。			

序号	30	归类决定编号	W2020-034	公告编号	2020 年第 108 号
商品税则号列			4202.12	公告实施日期	2020 年 10 月 1 日
商品名称		便携式公文包			
英文名称		Portable document case			
其他名称					
商品描述		便携式公文包,内部没有隔层,前面有一个用于闭合的扣件(纽扣和橡皮圈)。所有面和边缘都用纺织物缝边,两侧和底部都是纺织物制的。其余的表面,包括正面和背面,是由塑料制成。本产品用于存放和携带文件、纸张、档案等,可供长期使用。			
归类依据		根据归类总规则一及六归类。			

序号	31	归类决定编号	W2008-040	公告编号	2008 年第 47 号
商品税则号列			4202.21	公告实施日期	2008 年 7 月 3 日
商品名称		手提包			
英文名称		Handbag			
其他名称					
商品描述		其面料为印有图案的皮革,里料由纺织材料构成,尺寸约为 35 厘米×22.5 厘米×17 厘米,手提包底部呈椭圆形,开口由拉链闭合,带有两个皮革制提手。包内有一个带拉链的隔袋,一个小贴兜及一个手机兜。该商品的皮革已用非常薄的塑料涂层以保护外表,其涂层肉眼不可识别。			
归类依据		根据归类总规则一及六归类。			

序号	32	归类决定编号	W2020-014	公告编号	2020 年第 108 号
商品税则号列			4202.32	公告实施日期	2020 年 10 月 1 日
商品名称	专为特定型号手机设计的塑料制外壳					
英文名称	Cover made of plastics and designed for a particular model of mobile phone					
其他名称						
商品描述	专为特定型号手机设计的塑料制外壳，前盖上有一磁块，可与手机前部内置的霍尔集成电路联动。手机通过检测磁场变化来判断前盖是打开还是闭合。当前盖闭合上时，手机将通过调整显示区域大小以适应前盖上的透明窗口来激活用户界面模式。					
归类依据	根据归类总规则一及六归类。					

序号	33	归类决定编号	W2008-041	公告编号	2008 年第 47 号
商品税则号列			4202.91	公告实施日期	2008 年 7 月 3 日
商品名称	腰包					
英文名称	Waist pouch					
其他名称						
商品描述	其前部及顶部面料为软皮革，底部及后部面料为纺织材料，尺寸约为 26 厘米×13 厘米×8 厘米。腰包除本身有较大的主袋外，在其前部还缝有两个较小的口袋，后部另有一个不明显的兜，均以拉链闭合。主袋及后兜完全用纺织材料衬里；两个较小的辅袋仅前部以纺织材料衬里。包上缝有厚实的可调节纺织腰带，腰带两端装有塑料带扣可开闭。包上的皮革已用非常薄的塑料涂层以保护外表，其涂层肉眼不可识别。					
归类依据	根据归类总规则一及六归类。					

序号	34	归类决定编号	W2005-234	公告编号	2005年第63号
商品税则号列			4202.92	公告实施日期	2005年12月23日
商品名称		便携式野餐冷藏袋			
英文名称		Portable picnic cooler bag			
其他名称					
商品描述		冷藏袋外层表面材料为塑料片，内层隔热芯层为聚合物基质的闭孔泡沫塑料。尺寸：30厘米×46厘米×19厘米至23厘米×18厘米×15厘米。包上有塑料或纺织物的提手或背带。用于携带食品或饮料来往于家中或办公室，并用于旅行、野餐、运动及其他活动。				
归类依据		HSC委员会（世界海关组织协调制度委员会）认为，该产品与品目42.02第二部分列举的旅行包、购物包及运动包类似，其一般用于从家里携带货品到其他地方。由于它们能够考虑为品目42.02的容器，应归入该品目而不归入第三十九章。 根据归类总规则一。为了明确品目42.02范围，2002年版《协调制度》已对该品目条文作了修改。				

序号	35	归类决定编号	W2005-235	公告编号	2005年第63号
商品税则号列			4202.99	公告实施日期	2005年12月23日
商品名称		便携式工具箱			
英文名称		Portable tool box (or case)			
其他名称					
商品描述		可放置及携带一台手动钻机及配件。完全由模压塑料构成，合页状箱体的两部分经特殊成型，使其内部凹槽适合放钻机及其配件。近似长方形（尺寸：35厘米×29厘米×8厘米），装有闭锁装置及提手，一边箱体外表面模压有工具制造商的名称。				
归类依据		HSC委员会指出，根据归类总规则一，第四十二章的标题仅供查找方便，对目录中货品的归类无法律约束。因此，品目42.02范围应从宽解释。HSC委员会决定，该产品应归入子目4202.99而不归入子目4202.1，因为该容器类似于望远镜盒、照相机套、乐器盒、枪套类似容器，而非子目4202.1的衣箱、提箱或其他物品。				

序号	36	归类决定编号	W2005-281	公告编号	2005年第63号
商品税则号列			6104.62和6110.20	公告实施日期	2005年12月23日
商品名称		两件服装构成的套件			
英文名称		Article of apparel consisting of a set of two comps			
其他名称					
商品描述		1. 短裤（Shorts）。无门襟或裤兜，由100%棉针织物制成，腰部装有松紧带，腿部开口经简单折边。该短裤构成成套包装的一部分。成套包装中另有一件具有相同颜色及质地但缝有纯棉针织罗纹边的无袖套头衫。该罗纹边与短裤面料质地不同，故成套包装的产品不能作为便服套装归类。 2. 无袖服装（Sleeveless garment）。圆领，长度到腰部以上。该种无袖套头衫完全由100%针织织物制成，其领口、臂口及底边缝有相同颜色但质地不同的纯棉针织罗纹边。该无袖衫构成成套包装的一部分。成套包装中另有一件具有相同颜色及质地但没有罗纹边的纯棉针织短裤。				
归类依据		就两件服装是否能看作为第六十一章注释三（二）所指的便服套装问题，HSC委员会决定应将它们分别归类，因为其上装缝有罗纹边，而短裤没有罗纹边。HSC委员会因此决定将短裤归入子目6104.62；将无袖服装归入子目6110.20，理由是虽然该服装未遮盖到腰下，且并非像品目61.10的服装套在另一件衣服上穿，但将其视为"套头装的类似品"。根据第六十一章注释三2及第十一类注释十三归类。				

序号	37	归类决定编号	W2018-039	公告编号	2018年第159号
商品税则号列			6104.63	公告实施日期	2018年12月1日
商品名称		女式长裤			
英文名称		Women's trousers			
其他名称					
商品描述		女式长裤，由轻质针织织物（87%涤纶和13%氨纶）制成。裤长及踝，裤腰有松紧带，裤脚缝边。该长裤是成套女式服装中的一件，该套装中还有一件长袖T恤（单独归入子目6109.90）。两件衣物一同报验，零售包装。又见归类意见6109.90/2。			
归类依据		根据归类总规则一（第十一类注释十四）及六归类。			

序号	38	归类决定编号	W2016-021	公告编号	2016年第79号
商品税则号列			6106.20	公告实施日期	2017年1月1日
商品名称		无领无袖针织衫			
英文名称		Knitted sleeveless garment without a collar			
其他名称					
商品描述		该商品成分为65%聚酯短纤、35%棉，领口处有装饰带，肩部有褶边袖孔，后背领口处有开口，并用纽扣系住。			
归类依据		根据归类总规则一及六归类。			

序号	39	归类决定编号	W2005-282	公告编号	2005年第63号
商品税则号列			61.08	公告实施日期	2005年12月23日
商品名称	躯干紧身服					
英文名称	Body stockings					
其他名称						
商品描述	很薄质地的黑色网眼针织女式服装，由合成长丝变形纱线织成，无袖，遮盖躯干部分，未及腿部。圆领边，腿部交叉处用按扣闭合。领边及服装的其他边缘有宽约1厘米的装饰花边。					
归类依据	HSC委员会指出，由于《协调制度》中缺少任何具体的规则规定躯干紧身服类女式服装的归类，该商品按遮盖身体上部服装归类比短裤更合适。HSC委员会一致同意将该商品作为"类似品"归入品目61.08。 根据归类总规则一归类。HSC委员会还同意，由于躯干紧身服种类很多，难以为此类服装分设品目。					

序号	40	归类决定编号	W2005-283	公告编号	2005年第63号
商品税则号列			61.08	公告实施日期	2005年12月23日
商品名称	躯干紧身服					
英文名称	Body stockings					
其他名称						
商品描述	很薄质地的针织女式服装，含棉86%、弹性纤维14%，无袖，遮盖躯干部分，未及腿部。背部剪裁较低，有窄肩带，收腰，腿部交叉处用按扣闭合。领边及服装的其他边缘有宽约1厘米的装饰花边。					
归类依据	HSC委员会指出，由于《协调制度》中缺少任何具体的规则规定躯干紧身服类女式服装的归类，该商品按遮盖身体上部服装归类比短裤更合适。HSC委员会一致同意将该商品作为"类似品"归入品目61.08。 根据归类总规则一归类。HSC委员会还同意，由于躯干紧身服种类很多，难以为此类服装分设品目。					

序号	41	归类决定编号	W2018-040	公告编号	2018 年第 159 号
商品税则号列			6109.10	公告实施日期	2018 年 12 月 1 日
商品名称		女式针织短袖 T 恤衫			
英文名称		Women's knitted short-sleeved T-shirt			
其他名称					
商品描述		女式针织短袖 T 恤衫，成分：80%棉、14%粘胶纤维和 6%氨纶。该产品设计作为上衣穿着，长度在腰部以上。			
归类依据		根据归类总规则一及六归类。			

序号	42	归类决定编号	W2016-022	公告编号	2016 年第 79 号
商品税则号列			6109.90	公告实施日期	2017 年 1 月 1 日
商品名称		女式无领无袖针织衫			
英文名称		Women's knitted sleeveless garment without a collar			
其他名称					
商品描述		该商品成分：92%尼龙，8%氨纶。半圆形领口，有肩带。			
归类依据		根据归类总规则一及六归类。			

序号	43	归类决定编号	W2018-041	公告编号	2018 年第 159 号
商品税则号列			6109.90	公告实施日期	2018 年 12 月 1 日
商品名称		女式长袖 T 恤			
英文名称		Women's long-sleeved T-shirt			
其他名称					
商品描述		女式长袖 T 恤，无领，由轻质针织织物（87%涤纶和 13%氨纶）制成。T 恤下摆，袖口缝边。 该 T 恤是成套女式服装中的一件，该套装中还有一条长裤（单独归入子目 6104.63）。两件衣物一同报验，零售包装。 又见归类意见 6104.63/1。			
归类依据		根据归类总规则一（第十一类注释十四）及六归类。			

序号	44	归类决定编号	W2005-284	公告编号	2005 年第 63 号
商品税则号列			6110.20	公告实施日期	2005 年 12 月 23 日
商品名称		圆领无袖服装			
英文名称		Sleeveless garment with round neckline			
其他名称					
商品描述		同商品名称。			
归类依据		就两件服装是否能看作为第六十一章注释三（二）所指的便服套装问题，HSC 委员会决定应将它们分别归类，因为其上装缝有罗纹边，而短裤没有罗纹边。HSC 委员因此决定将短裤归入子目 6104.62，将无袖服装归入子目 6110.20，理由是虽然该服装未遮盖到腰下，且并非像税目 61.10 的服装套在另一件衣服上穿，但将其视为"套头装的类似品"。 根据第六十一章注释三（二）及第十一类注释十三归类。			

序号	45	归类决定编号	W2016-023	公告编号	2016 年第 79 号
商品税则号列			6110.20	公告实施日期	2017 年 1 月 1 日
商品名称		针织马甲			
英文名称		Knitted waistcoat			
其他名称					
商品描述		该商品外层面料成分为 100% 棉，中间有一层薄衬垫（并不为应对天气变化），内层织物成分为 65% 聚酯短纤和 35% 棉。正面为全开襟。			
归类依据		根据归类总规则一及六归类。			

序号	46	归类决定编号	W2010-017	公告编号	2010 年第 75 号
商品税则号列			6110.30	公告实施日期	2010 年 12 月 3 日
商品名称		针织足球守门员运动衫			
英文名称		Knitted soccer goalkeeper jersey			
其他名称		Adidas "United"			
商品描述		针织足球守门员运动衫（100% 聚酯纤维），长至腰部以下，插肩长袖，圆形紧领，领部无开口。该服装在袖子上缝有简易肘部护垫，袖口有罗纹，衣服的下部有缝边。			
归类依据		根据归类总规则一及六归类。			

序号	47	归类决定编号	W2016-024	公告编号	2016 年第 79 号
商品税则号列			6110.30	公告实施日期	2017 年 1 月 1 日
商品名称	女式短袖针织衫				
英文名称	Women's knitted short-sleeved garment				
其他名称					
商品描述	该商品成分为 100%聚丙烯腈，翻领，无开口。其在 10 厘米×10 厘米的面积内沿各方向的直线长度上平均每厘米超过 10 针。				
归类依据	根据归类总规则一及六归类。				

序号	48	归类决定编号	W2016-025	公告编号	2016 年第 79 号
商品税则号列			6110.30	公告实施日期	2017 年 1 月 1 日
商品名称	男式长袖针织衫				
英文名称	Men's knitted long-sleeved garment				
其他名称					
商品描述	商品成分为 76%聚酯短纤、24%棉，无领，无衬里，上装。该针织衫门襟为左压右，且在下摆处有衣兜。				
归类依据	根据归类总规则一及六归类。				

序号	49	归类决定编号	W2018-042	公告编号	2018 年第 159 号
商品税则号列			6110.30	公告实施日期	2018 年 12 月 1 日
商品名称	女式针织长袖套头衫				
英文名称	Women's knitted long-sleeved pullover				
其他名称					
商品描述	女式针织长袖套头衫，成分为 100%聚酯纤维。该产品设计作为上衣穿着，长度在腰部以上。				
归类依据	根据归类总规则一及六归类。				

序号	50	归类决定编号	W2005-285	公告编号	2005 年第 63 号
商品税则号列			61.14	公告实施日期	2005 年 12 月 23 日
商品名称	躯干紧身服				
英文名称	Body stockings				
其他名称					
商品描述	很薄质地的针织女式服装，含 46%棉、46%聚酯纤维、8%莱卡，印有花的图案，长袖，遮盖躯干部分，未及腿部。前部浅挖领口，背部剪裁较低，腿部交叉处用按扣闭合。				
归类依据	HSC 委员会指出，由于《协调制度》中缺少任何具体的规则规定躯干紧身服类女式服装的归类，该商品按遮盖身体上部服装归类比短裤更合适。HSC 委员会一致同意将该商品作为"其他服装"归入品目 61.14。 根据归类总规则一归类。HSC 委员会还同意，由于躯干紧身服种类很多，难以为此类服装分设品目。				

序号	51	归类决定编号	W2005-286	公告编号	2005 年第 63 号
商品税则号列			61.14	公告实施日期	2005 年 12 月 23 日
商品名称	躯干紧身服					
英文名称	Body stockings					
其他名称						
商品描述	很薄质地的素白针织女式服装，含 93%聚酰胺、7%弹性纤维，无袖，遮盖躯干部分，未及腿部，腿部交叉处用按扣闭合。立领，背部开襟，纽扣闭合，边缘不相搭接。服装的领子及上部缝有针织花边。					
归类依据	HSC 委员会指出，由于《协调制度》中缺少任何具体的规则规定躯干紧身服类女式服装的归类，该商品按遮盖身体上部服装归类比短裤更合适。HSC 委员会一致同意将该商品作为"其他服装"归入品目 61.14。 　　根据归类总规则一归类。HSC 委员会还同意，由于躯干紧身服种类很多，难以为此类服装分设品目。					

序号	52	归类决定编号	W2005-287	公告编号	2005 年第 63 号
商品税则号列			6114.20	公告实施日期	2005 年 12 月 23 日
商品名称	薄质针织女式服装					
英文名称	Light-weight knitted garment for women and girls					
其他名称						
商品描述	含 94%棉、6%弹性纱线，有约 35 毫米宽的肩带，前部为圆形领口。该服装可以贴身外穿或作为内衣穿，遮盖身体上部并延伸到胸部下，类似半截背心，领口及肩带的边缘有弹性绲边，服装底部也缝有松紧带使其固住身体。该服装没有支撑胸部的作用。					
归类依据	HSC 委员会指出，服装的归类不应考虑用途，而应根据其特征。由于弹性纱线含量低，该商品不具有实际的支撑作用，故 HSC 委员会决定将其归入品目 61.14（子目 6114.20）。 　　根据归类总规则一归类。					

序号	53	归类决定编号	W2005-288	公告编号	2005年第63号
商品税则号列			6114.30	公告实施日期	2005年12月23日
商品名称	女士薄质针织无带服装				
英文名称	Light-weight knitted, strapless garment for women				
其他名称					
商品描述	含90%聚酰胺、10%弹性纱线，遮盖身体上部并延伸到胸部下沿，肩部裸露，该服装可以贴身外穿或作为内衣穿，服装底部缝有约30毫米宽的松紧带，顶部有15毫米宽的松紧带使其固住胸部，该服装没有支撑胸部的作用。				
归类依据	HSC委员会认为，尽管该物品提供了一定支撑，但不能认为是胸罩，该服装目前流行贴身穿着，呈可伸缩带状。HSC委员会决定将其归入品目61.14（子目6114.30）。根据归类总规则一归类。				

序号	54	归类决定编号	W2016-026	公告编号	2016年第79号
商品税则号列			6114.30	公告实施日期	2017年1月1日
商品名称	女式短袖针织衫				
英文名称	Women's knitted short-sleeved garment				
其他名称					
商品描述	商品成分为68%聚酯短纤、32%棉，无开口，胸部以下有褶边装饰。				
归类依据	根据归类总规则一及六归类。				

序号	55	归类决定编号	W2005-289	公告编号	2005 年第 63 号
商品税则号列			6117.80	公告实施日期	2005 年 12 月 23 日
商品名称	针织头带				
英文名称	Knitted headband				
其他名称					
商品描述	按重量计含 70%聚丙烯腈、30%羊毛，缝合而成，宽度 6~11 厘米。用于保暖、固定头发等。				
归类依据	HSC 委员会认为，该商品应被看作与长筒袜、短袜、手套、披巾、头巾、领带及领结等类似品目 61.17 的制成的衣着附件。根据归类总规则一归类。品目 61.17、63.07 及 96.15 注释已修改以明确归类。				

序号	56	归类决定编号	W2016-027	公告编号	2016 年第 79 号
商品税则号列			6202.40	公告实施日期	2017 年 1 月 1 日
商品名称	长袖服				
英文名称	Long-sleeved garment				
其他名称					
商品描述	该商品为机织聚酯织物制，有领，有衣兜，衣长至大腿中部以下，正面为右压左全开襟，有纽扣和腰带。				
归类依据	根据归类总规则一及六归类。				

序号	57	归类决定编号	W2016-028	公告编号	2016年第79号
商品税则号列			6202.40	公告实施日期	2017年1月1日
商品名称	类似带风帽的防寒短上衣的服装				
英文名称	Anorak-like garment				
其他名称					
商品描述	该商品为机织聚酯织物制，衣长至腰部以下，有领、兜帽及侧兜。尽管门襟为左压右并有拉链、按扣和腰带，但该服装的裁剪明显表明其为女性服装。另外，下摆处还有罗纹腰带和拉绳，以系紧衣服。				
归类依据	根据归类总规则一及六归类。				

序号	58	归类决定编号	W2005-290	公告编号	2005 年第 63 号
商品税则号列			62.03	公告实施日期	2005 年 12 月 23 日
商品名称	由两件服装构成的成套物品					
英文名称						
其他名称						
商品描述	由下列服装构成的成套物品： 1. 一件防风衣（A "wind-cheater" garment）。 用于人体上半身穿着。袖口有弹性伸缩带，服装的外部由白、粉两种不同色机织物面料缝合。服装大体为粉色，其前部、肩及背部用织物条作装饰，该服装长袖，袖口束紧，前部有 4 个口袋，两个装有拉链，衣服前部全开襟，右边紧搭左边，并有拉链闭合。该服装带有针织物衬里的帽兜，上有拉绳。 2. 一条裤子（A pair of trousers）。 无门襟，由与防风衣同样的机织面料制成，裤边上有兜，在踝及腰部有弹性伸缩带。腰部还可用拉绳束紧。该裤子有针织半衬里。					
归类依据	HSC 委员会认为，这两件服装是由两种完全相同面料（包括衬里）制成的，颜色相同，符合第六十二章注释三（二）"便服套装"的定义，不是"运动服"。 根据归类总规则一归类。					

序号	59	归类决定编号	W2016-029	公告编号	2016年第79号
商品税则号列			6204.62	公告实施日期	2017年1月1日
商品名称		女式裤子（纱丽）			
英文名称		Women's trousers（Shalwar）			
其他名称					
商品描述		由绿色棉机织物制成。裤子是被称为"纱丽—克米兹"的女士服装的一部分。"纱丽—克米兹"还包括束腰外衣和围巾（黄绿色），3个部分应分别归类，外衣和围巾应分别归入子目6206.30和6214.90。3个部分同时报验，零售包装。 　　又见归类决定6206.30/1和6214.90/2。			
归类依据		根据归类总规则一（第十一类类注十四）及六归类。			

序号	60	归类决定编号	W2016-030	公告编号	2016年第79号
商品税则号列			6206.30	公告实施日期	2017年1月1日
商品名称		女式束腰外衣（克米兹）			
英文名称		Women's tunic（Kameez）			
其他名称					
商品描述		宽松式外衣，由棉机织物缝制而成（绿色和黄色相间）。无袖，低圆领，领口处有缝制在织物上的装饰品，有衬里和在束腰外衣下摆边缘有一条银色的纺织物制成的边显示其服装特征。 　　该束腰外衣是被称为"纱丽—克米兹"的女士服装的一部分。"纱丽—克米兹"还包括裤子（绿色）和围巾（黄绿色），3个部分应分别归类，裤子和围巾应分别归入子目6204.62和6214.90。3个部分同时报验，零售包装。 　　又见归类决定6204.62/1和6214.90/2。			
归类依据		根据归类总规则一（第十一类类注十四）及六归类。			

序号	61	归类决定编号	W2005-292	公告编号	2005 年第 63 号
商品税则号列			62.11	公告实施日期	2005 年 12 月 23 日
商品名称		一种"运动服"			
英文名称		Certain "track suits"			
其他名称					
商品描述		1. 一件中性防风式服装。用于人体上半身穿着，稍过腰部，由深蓝、白及深绿色机织物面料缝合而成。服装有缝制的立领，装有拉链，长袖，袖口及下摆有束紧部件，腰下有两个拉链口袋。缝有针织物衬里。 2. 一条宽松的中性长裤。无门襟，平纹、深蓝色机织物面料制成，腰部有弹性伸缩及拉绳，臀部有两个兜，踝部可伸缩，侧面装有约 24 厘米长的拉链。踝部还可用拉绳束紧。裤子缝有针织衬里。			
归类依据		HSC 委员会指出，此类带衬里的机织物制运动服在国际服装贸易中占有很大比重。衬里在运动中可以吸汗，因此是此类服装舒适的一项很重要特征。HSC 委员会决定，尽管该物品衬里，应作为品目 62.11 的"运动服"归类。根据归类总规则一归类。62.11 品目注释已经修改，以明确该品目"运动服"可以衬里。			

序号	62	归类决定编号	W2005-293	公告编号	2005年第63号
商品税则号列			62.11	公告实施日期	2005年12月23日
商品名称	一种"运动服"				
英文名称	Certain "track suits"				
其他名称					
商品描述	机织物制女式套件，由下列服装构成： 1. 一件防风服装。用于人体上半身穿着，有弹性伸缩腰带，服装外部面料由白及粉色机织物缝合而成。 　服装为长袖，袖口束紧，衣前部有4个口袋，其中两个装有拉链。前部全开襟，右边搭左边，并有拉链闭合。该服装带有针织物衬里的帽兜，上有拉绳。 2. 一条无门襟长裤。由与防风衣同样的机织面料制成，裤边上有兜，在踝及腰部有弹性伸缩带。腰部还可用拉绳束紧。该裤子有针织半衬里。				
归类依据	HSC委员会指出，此类带衬里的机织物制运动服在国际服装贸易中占有很大比重。衬里在运动中可以吸汗，因此是此类服装舒适的一项很重要特征。HSC委员会决定，尽管该物品衬里，应作为品目62.11的"运动服"归类。根据归类总规则一归类。62.11品目注释已经修改，以明确该品目"运动服"可以衬里。				

序号	63	归类决定编号	W2010-018	公告编号	2010 年第 75 号
商品税则号列		6211.33		公告实施日期	2010 年 12 月 3 日
商品名称		彩弹球裤（长裤）			
英文名称		"Paintball pants"（trousers）			
其他名称		Dye C5			
商品描述		设计为打彩弹球时穿着，主要以机织物（70%聚酯纤维和30%尼龙）为骨架，上有肉眼无法看到的防水涂层，在腹股沟及大腿内侧部分还有编织网孔织物，装有一个橡胶后夹，以保持腰部弹夹包不移位，膝部有纤维接合点，使裤子可以伸展，便于活动、通风，裤前门襟拉链上有保护片（左压右），腰带可调节，侧面有斜插兜，腿部有外贴口袋。腹股沟及膝部还有织物制的护垫以提供保护，防止地面的磨损及彩弹攻击带来的伤害。			
归类依据		根据归类总规则一（第六十二章章注八及第五十四章章注一）及六归类。			

序号	64	归类决定编号	W2005-294	公告编号	2005 年第 63 号
商品税则号列		6212.10		公告实施日期	2005 年 12 月 23 日
商品名称		女士薄质针织服装			
英文名称		Light-weight knitted, garment for women and girls			
其他名称					
商品描述		女士薄质针织服装，含 90%聚酰胺、10%弹性纱线，遮盖身体上部并延伸到胸部下沿，该服装可以贴身外穿或作为内衣穿，V 形领口，罩杯分别缝合，肩带加有松紧带，服装底部也缝有约 20 毫米宽的松紧带使其固住身体，该服装具有支撑胸部的作用。			
归类依据		HSC 委员会认为，由于该物品的总体外观呈现有分别缝制的罩杯及薄肩带，不同于以上物品（见 W2005-291 号）。因为该物品有弹性并提供了一定支撑，HSC 委员会决定将其归入品目 62.12（子目 6212.10）。 根据归类总规则一归类。			

序号	65	归类决定编号	W2005-295	公告编号	2005年第63号
商品税则号列			6212.90	公告实施日期	2005年12月23日
商品名称	腰部支撑带				
英文名称	Lumbar support belt				
其他名称					
商品描述	具有姿态纠正作用。由含43%聚酰胺、25%包芯弹力丝、16%棉、16%聚酯的弹性机织物构成交叉结构以保证腰带的稳定性（防止形成皱褶），并带有"velcro"扣件构成。在支撑带上宽度约27厘米的后腰部，有3条机织物带相互交叉形成类似肌肉的作用。在垂直于腰带长度方向有4个硬撑条起姿态纠正作用。根据病人腰部尺寸可提供6种规格。商品说明用于预防和治疗下列病症： ——急性或慢性腰痛和坐骨神经痛； ——职业创伤； ——由脊椎关节病引起背痛； ——患疝气时支持腹壁，或手术后支撑。				
归类依据	HSC委员会指出，品目90.21"矫形器具"的范围有很严格的限制，且该品目的物品必须用于生病或手术后或器官。该商品非生病或手术后必用品，而且硬撑条主要起避免带卷起的作用。品目62.12的物品也能用柔性的金属、鲸须或塑料支撑条加强，且能装有硬金属配件。由于该支撑带非专用于矫形，HSC委员会决定应将其归入品目62.12（子目6212.90）。 根据归类总规则一［62.12品目条文及第九十章注释一（二）］及六归类。				

序号	66	归类决定编号	W2014-188	公告编号	2014年第93号
商品税则号列			6212.90	公告实施日期	2015年1月1日
商品名称	游泳衣用乳罩				
英文名称	Cups for incorporation in ladies' bathing costumes				
其他名称					
商品描述	该商品由穿孔聚乙烯片双面覆盖尼龙针织物，再切成一定尺寸后热成型制成。				
归类依据	根据归类总规则一及六归类。				

序号	67	归类决定编号	W2005-296	公告编号	2005年第63号
商品税则号列			6214.10至6214.90	公告实施日期	2005年12月23日
商品名称		刺绣机织物制围巾			
英文名称		Scarf of embroidered woven fabric			
其他名称					
商品描述		长方形，制成并即供使用（直接刺绣完成）。该围巾构成成套包装的一部分，成套包装中另有一块未经任何制成的刺绣机织布料。两件物品呈零售包装状态报验，且布料可制成一件以上服装。			
归类依据		HSC委员会指出，尽管该围巾可直接使用，但刺绣机织布料仍须缝制而成服装。而且不符合归类总规则三注释规定的"由特定的产品或物品包装在一起以满足特定的需要或从事特定的活动"的条件。故此，虽然一条围巾与一块刺绣机织布料构成套装产品，HSC委员会决定这两件商品不能按成套产品归类，而应分别归类。 根据归类总规则一归类。			

序号	68	归类决定编号	W2016-031	公告编号	2016年第79号
商品税则号列			6214.90	公告实施日期	2017年1月1日
商品名称		围巾			
英文名称		Shawl（Dupatta）			
其他名称					
商品描述		围巾（Dupatta），由棉机织物制成，长方形，黄绿色。是被称为"纱丽—克米兹"的女士服装的附件。"纱丽—克米兹"还包括裤子（绿色）和束腰外衣（黄绿色），3个部分应分别归类，裤子和外衣应分别归入子目6204.62和6206.30。3个部分同时报验，零售包装。 又见归类决定6204.62/1和6206.30/1。			
归类依据		根据归类总规则一（第十一类类注十四）及六归类。			

序号	69	归类决定编号	W2005-297	公告编号	2005年第63号
商品税则号列			6304.91	公告实施日期	2005年12月23日
商品名称	座椅保护套				
英文名称	Protective seat cover				
其他名称					
商品描述	用于机动车,针织织物制成,约一米见方,并以约8毫米宽的弹性饰边装饰,周围装有8条连接带。该椅套可用于覆盖座椅面、椅背及头枕。				
归类依据	由于63.04品目注释提及装饰用物品用于家庭、商店、机动车等,"家具套"列入了举例中,HSC委员会一致决定将该产品归入品目63.04(子目6304.91)。 根据归类总规则一及六归类。				

序号	70	归类决定编号	W2008-049	公告编号	2008年第47号
商品税则号列			6304.92	公告实施日期	2008年7月3日
商品名称	棉织物制夹层枕套				
英文名称	Quilted pillow covering ("Sham") made from a cotton fabric				
其他名称					
商品描述	76厘米×63厘米的长方形,由带夹层的前片、底片及装饰性褶边构成。前片用作枕套表面,由聚酯絮胎及两层棉织物构成的夹层织物经剪切拼缝制成。前片及底片缝合成袋状,且底片面料上装有一个拉链开口,可以装入枕头或垫子。				
归类依据	根据归类总规则一及六归类。				

序号	71	归类决定编号	W2005-298	公告编号	2005年第63号
商品税则号列			63.05	公告实施日期	2005年12月23日
商品名称	散装货物储运软袋				
英文名称	Flexible intermediate bulk container（FIBCs）				
其他名称					
商品描述	适用于干燥流动材料的包装、储存、运输及搬运要求，通常由聚丙烯或聚乙烯机织物制成，且容量范围250~3 000千克。该商品的4个顶角有提升带，而且其顶部及/或底部可装开口以便于装货及卸货。				
归类依据	HSC委员会决定，根据品目63.05，货物包装用袋不仅包括条文列举的包装袋，而且也包括其他诸如散装货物储运软袋等非字典严格定义的容器。根据归类总规则一归类。1996年版《协调制度》已为散装货物储运软袋增列新子目6305.32。				

序号	72	归类决定编号	W2020-035	公告编号	2020年第108号
商品税则号列			6306.22	公告实施日期	2020年10月1日
商品名称	临时凉亭				
英文名称	Temporary gazebo				
其他名称					
商品描述	临时凉亭，用于户外，尺寸约为3米×3米×2.50米（长×宽×高）。本产品由带连接件和塑料脚的钢管框架和覆盖着4根角柱的屋顶组成。屋顶是一种聚乙烯涂布的丙纶平纹织物。涂层肉眼不可见。单根纱线平均宽度为2.5毫米，平均厚度为0.05毫米。凉亭四周敞开，且没有固定在地面上。				
归类依据	根据归类总规则一及六归类。				

序号	73	归类决定编号	W2005-299	公告编号	2005 年第 63 号
商品税则号列			6307.90	公告实施日期	2005 年 12 月 23 日
商品名称	机织物制服装面料					
英文名称	Piece of woven fabric					
其他名称						
商品描述	长方形，沿长度有织边，宽度方向有缝边。织物上有一个孔，构成完整的领口并经刺绣和用珠子及玻璃片装饰；织物的刺绣部分将制成连衣裙、女衬衫或类似服装，剩余部分将制成一条裤子、一条裙子或一条围巾。					
归类依据	HSC 委员会同意将该产品作为制成品归入子目 6307.90。由于织物面料可以裁剪一件以上的服装，因此不能将其看作归类总规则二（一）所指的未制成品。 根据归类总规则一归类。					

序号	74	归类决定编号	W2005-300	公告编号	2005 年第 63 号
商品税则号列			6307.90	公告实施日期	2005 年 12 月 23 日
商品名称	织物制服装面料					
英文名称	Piece of fabric					
其他名称						
商品描述	与 W2005-303 号所述样品 A 具有几乎相同的特征，但缝边经过精心加工且刺绣已被用加工的花边皱褶领口所替代，领口有开襟，由 3 个扣子闭合。机织物装饰带已缝合到该织物上。					
归类依据	HSC 委员会认为，该产品与 W2005-303 号产品相类似，并因此将其归入子目 6307.90。 根据归类总规则一归类。					

序号	75	归类决定编号	W2005-301	公告编号	2005 年第 63 号
商品税则号列			6307.90	公告实施日期	2005 年 12 月 23 日
商品名称	机织物制服装面料				
英文名称	Piece of woven fabric				
其他名称					
商品描述	沿长度有织边,但裁剪边缘未经缝边或其他加工。这段织物装饰有花缎,两片镶嵌,一片缝贴在织物上构成服装的前片。				
归类依据	HSC 委员会认为,该产品与 W2005-303、W2005-304 号产品相似,因此决定将其归入子目 6307.90。 根据归类总规则一归类。				

序号	76	归类决定编号	W2005-302	公告编号	2005 年第 63 号
商品税则号列			6307.90	公告实施日期	2005 年 12 月 23 日
商品名称	粘在胸部上的无纺织物制品				
英文名称	Nonwoven article				
其他名称					
商品描述	裁剪为特殊形状,一面用黏合剂涂布,涂层上用一张保护纸覆盖。使用时揭开保护纸,将无纺织物直接粘在胸部皮肤上,可沿着胸的下部形成像胸罩杯的形状。				
归类依据	HSC 委员会注意到,该物品的基本功能是造型并显示身体的特殊部位,而不起支撑作用。由于该物品没有真正的支撑功能,不能将其归入品目 62.12。HSC 委员会因此决定将该商品归入品目 63.07(子目 6307.90)。 根据归类总规则一归类。				

序号	77	归类决定编号	W2014-189	公告编号	2014 年第 93 号
商品税则号列			6307.90	公告实施日期	2015 年 1 月 1 日
商品名称	折叠路标				
英文名称	Folding road signs				
其他名称					
商品描述	不论是否带套，由一个三角支撑架三面包覆涂布玻璃微球体的织物。				
归类依据	根据归类总规则一及六归类。				

序号	78	归类决定编号	W2014-190	公告编号	2014 年第 93 号
商品税则号列			6307.90	公告实施日期	2015 年 1 月 1 日
商品名称	纺织装饰品				
英文名称	Ornamental textile goods				
其他名称					
商品描述	其主要由针织人造纺织物与其他材料条带（花边或机织物滚条）以装饰针迹缝制表面或边缘构成，用于制女式内衣。				
归类依据	根据归类总规则一及六归类。				

序号	79	归类决定编号	W2014-191	公告编号	2014 年第 93 号
商品税则号列			6307.90	公告实施日期	2015 年 1 月 1 日
商品名称		护罩			
英文名称		Protective covering			
其他名称					
商品描述		由一块椭圆无纺织物构成，外部边缘为有弹性的边，产品形成可穿在鞋上的伸缩套。			
归类依据		根据归类总规则一及六归类。			

序号	80	归类决定编号	W2018-043	公告编号	2018 年第 159 号
商品税则号列			6307.90	公告实施日期	2018 年 12 月 1 日
商品名称		（1）儿童背带包；（2）婴儿背带			
英文名称		（1）Child carrier；（2）Baby carrier			
其他名称					
商品描述		儿童背带包（参见图1），由以下各部分组成：一个符合人体解剖学形状的纺织物制座椅（附在铝制支架上）、带衬垫的肩带、腰带、定位点、安全带、可拆卸的头垫、提手以及用于容纳各种辅助物件的隔层。该产品用于将小孩以坐姿背在成人后背。其最大负荷为 20 千克。不背小孩时，可将座椅收起拉上拉链，变成一个背包。 婴儿背带（参见图2），外层为纯棉帆布，内衬为纯棉棉缎。配有结实的腰带和合身的带衬垫肩带，以舒适地承载发育中的婴幼儿。该产品适用于承载刚出生至体重不超过 20 千克的婴幼儿。该背带可以用不同方式来承载婴幼儿。 图 1　　图 2			
归类依据		商品 1：归类总规则一 [第十一类注释七（六）]、三（二）及六。 商品 2：归类总规则一 [第十一类注释七（六）] 及六。			

序号	81	归类决定编号	W2005-303	公告编号	2005 年第 63 号
商品税则号列			64.01	公告实施日期	2005 年 12 月 23 日
商品名称		橡胶靴底				
英文名称		Rubber boot bottoms				
其他名称						
商品描述		由一个鞋外底固定在一个未到脚踝的非完整或未制成的鞋面上。这些物品经简单的鞋面缘饰修边及装上系紧装置即可成为成品。				
归类依据		HSC 委员会认为,该物品已具有鞋靴的基本特征并且进口后经实质性加工较少,其已有完整的外底及基本的鞋面。应将其作为非完整或未制成的鞋靴归类。 根据归类总规则二(一)归类。				

序号	82	归类决定编号	W2005-304	公告编号	2005 年第 63 号
商品税则号列		6402.91 或 6403.91 及 6404.19			公告实施日期	2005 年 12 月 23 日
商品名称		雪地靴				
英文名称		Snowboard boots				
其他名称						
商品描述		鞋靴内部有一个可去除的短袜状衬里,外部遮盖到小腿中部,靴筒后部高于前部且向前倾斜。				
归类依据		HSC 委员会决定,滑雪靴不包括雪地靴,该雪地靴应视情况归入子目 6402.91 或 6403.91 及 6404.19。 根据归类总规则一归类。				

序号	83	归类决定编号	W2005-305	公告编号	2005 年第 63 号
商品税则号列			6402.99	公告实施日期	2005 年 12 月 23 日
商品名称	手术后用鞋				
英文名称	Postoperative shoes				
其他名称					
商品描述	鞋面低于脚踝，用于病人脚部外科手术或跖骨受伤的恢复。鞋面材料由人造革（机织物外层涂布肉眼可辨别的塑料并压以仿皮革粒面）与泡沫塑料层压并以针织物衬里构成；鞋底由三层材料构成：木基和发泡聚氯乙烯内底及隆起的塑料外底。这些鞋通过两个尼龙搭扣在前部闭合并为批量生产。				
归类依据	根据品目 90.21 注释的标准，就该物品是否为定制的或批量生产的进行了讨论，HSC 委员会决定将该产品归入品目 64.02。 根据归类总规则一归类。为明确标准，2002 年版《协调制度》第九十章已增加新注释。				

序号	84	归类决定编号	W2014-192	公告编号	2014 年第 93 号
商品税则号列			6402.99	公告实施日期	2015 年 1 月 1 日
商品名称	轻型鞋				
英文名称	Light-weight shoes				
其他名称					
商品描述	其外层及鞋面由泡沫塑料垫沿外部边缘黏合制成。这种鞋在海滩、游泳池及室内等场所穿着。				
归类依据	根据归类总规则一及六归类。				

序号	85	归类决定编号	W2020-015	公告编号	2020年第108号
商品税则号列			6402.99	公告实施日期	2020年10月1日
商品名称	塑料鞋					
英文名称	Footwear made of plastics					
其他名称						
商品描述	塑料鞋，常被称为"塑料凉鞋"。这种鞋由塑料制成的外底和鞋面组成，生产时通过注塑工艺一体成型。这种鞋不覆盖脚跟和脚踝，鞋面有开口。					
归类依据	根据归类总规则一及六归类。					

序号	86	归类决定编号	W2008-050	公告编号	2008年第47号
商品税则号列			6404.19	公告实施日期	2008年7月3日
商品名称	女鞋					
英文名称	Women's shoes					
其他名称						
商品描述	纺织材料制鞋面和塑料外底，鞋的一部分覆盖有毛绒短纤维（长度不超过5毫米的人造纤维），构成某种图案及商标。外底与地面接触部分（不包括单独黏结的鞋跟）约由67.5%纺织材料和32.5%塑料组成。但纺织材料被认为是附属件，而不视为与地面接触最广的外底的主要材料。					
归类依据	根据归类总规则一［第六十四章章注四（二）］及六归类。					

序号	87	归类决定编号	W2008-051	公告编号	2008 年第 47 号
商品税则号列			6404.19	公告实施日期	2008 年 7 月 3 日
商品名称	女鞋					
英文名称	Women's shoes					
其他名称						
商品描述	纺织材料制鞋面和塑料模制外底，并有一层针织聚酯织物黏结在外底足部和跟部的圆形部位上。外底与地面接触部分（包括鞋跟）约由 78%纺织材料和 22%塑料组成。但纺织材料被认为是附属件，而不视为与地面接触最广的外底的主要材料。					
归类依据	根据归类总规则一［第六十四章章注四（二）］及六归类。					

序号	88	归类决定编号	W2008-052	公告编号	2008 年第 47 号
商品税则号列			6405.20	公告实施日期	2008 年 7 月 3 日
商品名称	纺织材料鞋面橡胶制外底的鞋					
英文名称	Shoes with a textile upper and an outer sole of rubber					
其他名称						
商品描述	商品以纺织材料为面，橡胶制外底，在外底的大部分表面覆盖了纺织短绒，纺织材料随橡胶底的纹路凹凸。纺织材料覆盖外底的接触地面部分约为 52%，橡胶接触地面部分占 48%。					
归类依据	根据归类总规则一［第六十四章章注四（二）］及六归类。					

序号	89	归类决定编号	W2014-193	公告编号	2014 年第 93 号
商品税则号列			6405.90	公告实施日期	2015 年 1 月 1 日
商品名称		轻型拖鞋			
英文名称		Light-weight slippers			
其他名称					
商品描述		鞋底和鞋面由两块槽纹牛皮纸边缘缝合制成，在旅馆、医院等场所穿着。			
归类依据		根据归类总规则一及六归类。			

序号	90	归类决定编号	W2014-194	公告编号	2014 年第 93 号
商品税则号列			6702.90	公告实施日期	2015 年 1 月 1 日
商品名称		一束花			
英文名称		Bouquet			
其他名称					
商品描述		高约 15 厘米，主要由几种纺织材料人造花构成，并有少量植物装在金属丝上。整个花束由硬挺精制的仿花边纸支撑，并用天鹅绒蝴蝶结装饰。			
归类依据		根据归类总规则一及六归类。			

序号	91	归类决定编号	W2014-195	公告编号	2014年第93号
商品税则号列			6702.90	公告实施日期	2015年1月1日
商品名称	小花环				
英文名称	Small wreath				
其他名称					
商品描述	直径约为6厘米，由纺织材料人造花、螺旋缠绕的金属丝、塑料珠及丁香（唯一的植物材料）构成，它们分别固定在金属丝上，金属丝末端拧绞在一起形成花环。				
归类依据	根据归类总规则一及六归类。				